Table of Contents

Μια Καρδιά - Πολλά Ραγίσματα
(Μια Συλλογή Ποιημάτων και Τέχνης)

Sandeep Kumar Mishra

Βραβεία Και Τιμητικές Διακρίσεις

Amazon Best Seller Book
Readers Favourite Silver Medal
International Book Awards (ABF) Shortlisted
Indies Today Book Award Shortlisted
Literary Titan Book Award Shortlisted
New York Book Festival Shortlisted

About the Book-

Τίτλος -
Μια Καρδιά - Πολλά Ραγίσματα

Συγγραφέας -
Sandeep Kumar Mishra

Εξώφυλλο και άλλες Καλλιτεχνικές Εργασίες -
Sandeep Kumar Mishra

Μεταφράζω-
Christina Katranidou

Εικονογράφηση -
Hetal Mishra (10 χρονών)

Εκδότης -
Rukesh K Sharma για την Indian Poetry Review Press

Εκδότης-
Tektime

Έκδοση -
 1/ Αύγουστος, 2022

Σχετικά με την Ποιητική Συλλογή

Ένα σίγουρο πράγμα σε αυτή τη ζωή είναι ότι όλοι μας θα απογοητευτούμε με κάποιο τρόπο κάποια στιγμή. Όταν διαβάζουμε ή βλέπουμε κάποιον με την ίδια μοίρα, νιώθουμε συμπάθεια ή προσπαθούμε να βρούμε παρηγοριά διαβάζοντας ή μιλώντας γι' αυτό. Το ίδιο ισχύει και για αυτή τη συλλογή. Τα ποιήματα ποικίλλουν ως προς τη θεματική τους. Τα περισσότερα από αυτά είναι ποιητικές αντανακλάσεις προσωπικών συναισθημάτων και καταστάσεων στις οποίες βρέθηκε ο συγγραφέας. Τα ποιήματα καλύπτουν γεγονότα μιας 20ετούς ζωής και αποτελούν έκφραση καθαρών, αληθινών και εξαγνισμένων συναισθημάτων και της σκληρής πραγματικότητας της κατάστασής του. Δείχνουν επίσης τη διαδρομή του ως ποιητή. Περισσότερα από τα μισά ποιήματα της συλλογής έχουν δημοσιευτεί σε διάφορα περιοδικά τα τελευταία 5 χρόνια σε έντυπη ή ψηφιακή μορφή.

Να θυμάστε

Είναι το ημερολόγιο μιας ραγισμένης καρδιάς. Κάποια ποιήματα είναι γραμμένα από τον 18χρονο νεαρό εαυτό μου, κάποια όταν ήμουν νέος άνδρας και τα υπόλοιπα από έναν σοφότερο άνθρωπο. Μην ψάχνετε για τέλεια γλώσσα. Υπάρχουν κάποια ορθογραφικά και γραμματικά λάθη. Είναι απλά τα αισθήματα και τα συναισθήματα σε μια συγκεκριμένη στιγμή. Όλα τα πρωτότυπα διατηρούνται.

Σχετικά με τον Ποιητή
Ο Sandeep Kumar Mishra είναι ο συγγραφέας του μπεστ σέλερ "Μια Καρδιά-Πολλά Ραγίσματα-2020". Είναι συντάκτης ποίησης στο 'Indian Poetry Review'. Έχει λάβει τα βραβεία "Readers Favorite Award-21", "Indian Achievers Award-21", "IPR Poetry Award-2020" και "Literary Titan Book Award-2020".
Ήταν υποψήφιος για τα βραβεία "2021 International Book Awards", "52nd New Millennium Award-2021", "Asian Anthology-2021", "Indies Today Book of the Year Award 2020" και "Joy B Boone Poetry Prize 2021" και "Oprelle Poetry Prize 2021". Ήταν επίσης υποψήφιος για το βραβείο "The Story Mirror Author of the Year" - 2019.

Περισσότερες πληροφορίες -
https://www.sandeepkumarmishra.com/

Αναγνώριση -

Ορισμένα ποιήματα έχουν δημοσιευτεί στο παρελθόν σε αυτά τα περιοδικά, εφημερίδες ή στο διαδίκτυο-

Society of Classical Poets, Third Wednesday, Blue Mountain Review, Brasilia Review, Red Earth Review, Redfez, Reflections, Scares, Snapdragon, Susan Journal, The Blotter, Criterion, Quail Bell, The Human Touch, The Literary Yard, Thin Air, Torrid Literature Journal, Willard and Maple, Winamop, Ygdrasil, Really System, Poetry Soup, Asian Signature, Garfield Lake Review Chiron, Review, Cold noon, Convergence, Curlew, Digging Through the Fat, Down in the Dirt, Fixional, Good Men Project, Poetry Nook Magazine, Harbinger Asylum, Hawaii Review, Helix, High Plains Register, Joey & the Black Boots, Literary Orphans, Marathon Literary Review, Phenomenal Literature, ZOUCH, verbal art, London Literary Review, San Antonio Review, Scene & Heard, GFT Press, Bombay Gin, Stone Coast Review, Poetry Space, International Times it, Poetry Leaves, Cardinal Sins, Indiana Voice Journal, Mud Season Review, The Internet Void, Salmon Creek, Dreamers Anthology, All Poetry, Canada Quarterly, The Write Launch, DJ JELAL, Aquillrelle, Setu Magazine, Rambutan Literary, The Bitchin Kitsch, Poetry on the Move, Active Muse, Poem Village, Her Heart Poetry, Purcell Press, The Fiction week, The Diary Files, Kuchh Poetic, The writers and readers, Poem Hunter, Kitaab.Org, Poetry Sydney, Realistic poetry, Able Muse, Poetry on the move, Tipton poetry journal και πολλά περισσότερα.

δείκτης

Η Ζωή μου
Προσωπικά

Οικογένεια

Κοινωνία

Κόσμος

Φύση

12

Σύμπαν

Ελπίδα
Επακόλουθο
Αδιακλάδωτο ή Όχι
Φωνή Μέσα μας
Απολαύστε την Ενέργεια του Ήλιου
Ομορφιά: Ευδαιμονία
Ξεχάστε Με Τώρα
Κατεβαίνοντας στη Γη
Εκείνο το Ηλικιωμένο Έτος
Η Μοναδικότητα της Πολλαπλότητας

14

Ζωγράφισα έναν Ωκεανό

Ζωγράφισα έναν ωκεανό
αλλά ξέχασα την ακτή,
δεν υπήρχαν πλοία.
Όταν κοίταξα από κοντά,
ήταν η απομόνωσή μου
σαν τα κύματα της θάλασσας.

Έψαχνα μόνος μου για αιώνες…
Πρόσθεσα τους ταξιδιώτες στο ταξίδι μου,
Ακόμα μόνος μου στέκομαι σε αυτό το θνητό κατάστρωμα…

Χρειάζομαι ένα νησί για να αγκυροβολήσω.
Όταν καλώ ένα ραδιόφωνο,
γίνεται σιωπηλός μονόλογος προς τα έξω,
η απάντηση προέρχεται από το ηχηρό μέσα.

Με κάθε τσουνάμι από
το στήθος του πυρήνα,
νιώθω σαν conulariid χωρίς μαργαριτάρια.
Αν και έχω την απεραντοσύνη της
Νεκράς Θάλασσας αλλά όχι φάρο
της ζέσης της ζωής.

Η Γκαλερί μου

Στο πάνω μέρος του σώματός μου χτυπάει ένα γνωστικό
κουδούνι από σύνδεση dial-up ενεργών καλωδίων.
Το μόντεμ λειτουργεί απλά για
να παρέχει επανειλημμένα το φαξ
των άγονων και γυμνών οικογενειακών μονοπατιών.

Εσωτερική ξυλεία της καθημερινής περιέλιξης φορτίου,
σφίγγοντας προς τα πάνω... Δεν υπάρχει ζωντάνια.
Η ζωτική δύναμη έχει παράσιτα!
Πώς εισπνέω τη ζωή;

Οι μέρες και οι νύχτες μου είναι
βιδωμένες μέσα σε ένα εγκεφαλικό κύτταρο.
Η φωνή μου συγκρατήθηκε...
Καταστρώνει ένα σχέδιο για να τσακωθεί η ψυχή μου
που κατοικεί στο δικό μου κρανίο,
και υπαγορεύει νότες μιμούμενες τον τόνο μου.
Δεν μπορούσα να διαλύσω την ανάκλησή μου.

Όπως με άφησε η σκυθρωπή μου σκιά
μένω μόνο εγώ, εγώ και ο εαυτός μου...
Γιατί ο εγκέφαλός μου είναι μια μαύρη τρύπα;
Θα μπορούσε να μην είναι ένα σύμπαν
ενός αστερισμού ημικρανίας, χαπιών,
ενέσεων, οσφυαλγίας και αϋπνίας;

Το όνειρο έχει γίνει νεκρό πρότυπο
φθαρμένο σαν απολιθωμένη λάμψη.

Όλα έχουν γίνει ίδια εκτός από
το βάρος της συνέπειας που
έχει παραλλαγές αντοχής.

Καθώς περνάω από την απώλεια
η ανισορροπία μου θα διορθωθεί.
Κρεμάστε την υπόλοιπη τέχνη μου στον τοίχο
καθώς μετά τον καθορισμένο χρόνο η γκαλερί μου
θα τελειώσει.

Ο Θάνατος του Ποταμού

Το νοητικό μου σύρμα αποδίδει εικόνες
φθαρμένων διαδρομών
μετά από ένα βραχυκύκλωμα που συνέβη
στα μονοπάτια των καθημερινών εμποδίων.

Το άρρωστο σώμα μου τρέμει με το
βάρος των σκληρών ραμμάτων
που το δέρμα μου έχει τσακίσει,
αποστερημένο από τη δύναμη της ζωής καθώς
έχω ελάχιστη ενέργεια για να αναπνεύσω.
Η φωνή που ακούω δεν είναι η δική μου.
Μου υπαγορεύει νότες σε γνώριμους τόνους
αλλά γεμάτη από ξένες φράσεις,
τις οποίες μεταμφιέζει ως πρόσκληση.

Μακάρι να μπορούσα να διαλυθώ από τη μνήμη
ή να κρυφτώ στη σπηλιά του κρανίου μου.
Αλλά δεν είναι σοφό να πνίγομαι...
Τότε ήρθε ένα αμάθητο γέλιο.
Μια άνοιξη αναδύεται στις ακτίνες του ήλιου.
Μια θάλασσα αναδύεται από το θάνατο των ποταμών.
Υπάρχουν δύο τρόποι να ζεις μια ζωή,
Μπορώ να ακολουθήσω τον δύσκολο...

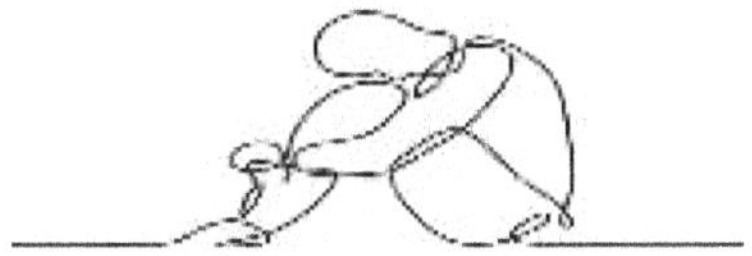

Φέρε Μου Περισσότερο Πόνο

Θέλω να δω αυτό το εβένινο alter ego
που θα με πάει στο καταδικασμένο μου μέλλον
για να δω αν υπάρχει διάλειμμα στα σύννεφα.

Όχι, περίμενε! Άλλαξα γνώμη
μετά από κάποιες σκέψεις, καθώς θα μπορούσε
να μου δείξει και την επερχόμενη κακοτυχία
...που μπορεί να μην είμαι σε θέση να αντιμετωπίσω.

Θα συμφιλιωθώ με τα όνειρα τορπίλης,
την σπασμωδική καρδιά μου,
τις σπάνιες νύχτες, τις δύσκολες μέρες,
κουρασμένο σώμα και ταλαιπωρημένη ψυχή.

Τώρα νιώθω τον διάτρητο παλμό
στη μέση της καρδιάς μου όταν
η ζωή αρνείται να με βασανίσει.

Πιες μια Ψυχή

Μπορώ να δω μόνο στα μαύρα σύννεφα
σκιά του απείρου μια αυταπάτη που φλυαρεί.
Μια αυταπάτη της ίδιας της ύπαρξης,
μια αυταπάτη της ματαιότητας της ανθρωπότητας.

Η λάμψη της ουράνιας οθόνης προσδίδει
μια επίμονη άνοια.
Σε αυτή την κατάσταση τρελής ανωτερότητας
η ηθική γίνεται κενή, όπως
οι αντίθετες μορφές καταπίνουν η μία την άλλη.

Αναπνέω πόνο, αναπνέω φόβο.
Θέλω να πάρω αυτή τη σκοτεινή σιωπή
όπου όλες οι μορφές εξαφανίζονται,
Πρέπει να ζήσω για να γευτώ τις αμαρτίες;

Δεν έχω το κουράγιο όταν
ξέρω ότι έχει πικρή γεύση
να ρουφήξεις μια πεσμένη αλλά γλυκιά ψυχή

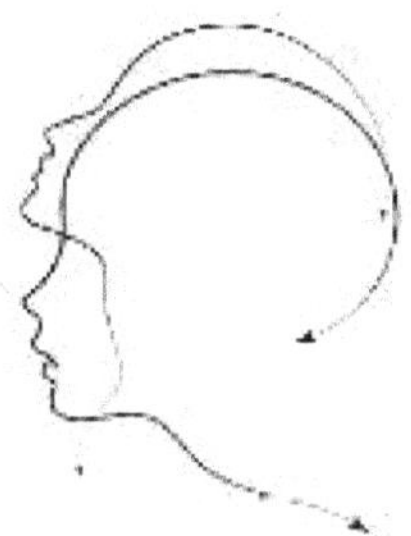

Ύπνος προς Πώληση

Κάθε βράδυ περιπλανιέμαι στην πόλη του κρεβατιού
για να αγοράσω μερικές ηρεμιστικές απολαύσεις
σπιτικής παραγωγής.
Σκοτεινά φανταστικά μυστήρια της ανθρώπινης ζωής
με πείθουν να δραπετεύσω από
την ημέρα του αγώνα και της διαμάχης.

Ανυπομονώ να πάω σε εκείνη τη χώρα της λήθης...
Εντοπίζω την άγνωστη περιοχή αλλά
δεν μπορώ να βρω έναν τρόπο να με κάνει να κουραστώ.
Όταν οι ανεκπλήρωτες επιθυμίες αιωρούνται συχνά
η φαντασία μου ξύπνια πλέκει τον ιστό της λαμπρά.

Ο ύπνος είναι ένα κορίτσι του ονείρου, ένα άρωμα από
μοσχοβολιστό τριαντάφυλλο,
μελωδίες ενός κούκου, η γαλήνη του ρομαντισμού.
Αυτές τις ομορφιές σε γενναιοδωρία πάντα αγαπώ.
Αλλά κάθε νυχτερινή αποστολή θα είναι αρκετά φανταχτερή
γιατί η αϋπνία ήταν ο έρωτάς μου.

Η μέρα με συμπαθεί αλλά οι νύχτες με βασανίζουν...
Αναγκάζομαι να πουλήσω τον απρόθυμο ύπνο μου.
Αν κάποιος είναι πρόθυμος να αγοράσει και έτοιμος να
κλάψει...

Γιατί Απέτυχα να Αυτοκτονήσω;

Καθώς παίζαμε την κατάρα των γλωσσών τόσο καιρό,
στο πάνω μέρος του χρωματικά
παραπονεμένου σώματός μου,
μια ημικρανία χτυπάει από μια
κλειστή οικογενειακή dial-up σύνδεση.

Η καρδιά του ασυρμάτου μου μερικές φορές πιάνει
τις ευγενικές συχνότητες που έρχονται
από τη μητέρα μου, τη Σπούτνικ.
Ο προσωπικός οδικός χάρτης είναι πλέον εκτός σύνδεσης.
Καθώς πηγαίνω μόνος μου σε φθαρμένες διαδρομές
με διοδίων μοναχικό κοινωνικό δρόμο,
μετά από τόσα πολλά ατυχήματα σε
μονοπάτια των καθημερινών βαρών.

Όλα τα μηχανικά σημεία είναι απενεργοποιημένα.
Η ικανότητα του τρανζίστορ μου απέτυχε
να αλλάξει τα έμφυτα σήματα που είχε
η εσωτερική μου προσωπικότητα.
Το μυαλό του αντιστάτη απέτυχε να
τερματίσει τη λάθος γραμμή μετάδοσης
που ο πατέρας μου και οι συνεργάτες μου μου έβαλαν...

Ο ελαττωματικός κοινωνικός πυκνωτής
εμπόδιζε την πορεία μου.
Δεν μπορούσα να αποθηκεύσω μέσα μου προσωπική
καλλιτεχνική ενέργεια,
καθώς το αρνητικό οικονομικό φορτίο

έβαλε τη ζωή μου σε μια αποσύνδεση.
Εσωτερική χωματερή του καθημερινού φορτίου,
για να κερδίσω το ψωμί μου, συσπειρώνονταν,
σφίγγονταν προς τα πάνω,
μπλέκοντας το εγγενές όνειρο του καλλιτέχνη
σε κλειστό κύκλο κοσμικών εμποδίων.

Μου έριξαν την "αυταπάτη της άρνησης"
στις φραγμένες φλέβες της ταυτότητάς μου,
παρόλο που ποτέ δεν είχα μια "αστραπιαία πλημμύρα
συναισθημάτων".
Θέλω να ζήσω τρώγοντας τον εσωτερικό μου εαυτό.

Τώρα μια μαύρη τρύπα... αποφάσισα να γίνω ένα
με αυτόν τον αστερισμό της ημικρανίας, των χαπιών,
των ενέσεων, της οσφυαλγίας και της αϋπνίας
που εμφανίστηκαν και να φέρω την αποκάλυψη στη ζωή μου
πριν να έχει αποτέλεσμα η πραγματική κατακλυσμική
παρέμβαση ενός ξένου.

Φυτεύτηκε στην παλιά ξύλινη καρέκλα,
κοιτάζοντας τον ανεμιστήρα οροφής.
Έδεσα το κόκκινο "σάρι" της γυναίκας μου γύρω
από τον αποσυνδεδεμένο μου λαιμό.
Είδα την αντανάκλαση της χαμογελαστής κόρης μου
στον καθρέφτη αλμίρα.
Τα εγκεφαλικά μου κύματα έπεσαν χαμηλά,
η ζωή κολύμπησε στην ταραγμένη καρδιά του ωκεανού και
το διαβολικό μου ένστικτο πνίγηκε στη βαθιά
απεραντοσύνη της ανθρώπινης αδυναμίας

ενάντια στα παράκτια γήινα συναισθήματα,
μια εσωτερική παλίρροια με χτύπησε αναίσθητο...

Που μου έδωσε άλλη μια ετικέτα,
ένας δειλός που δεν μπορώ καν να περιγράψω πόσο
θυμωμένος είμαι που δεν ήμουν ανάμεσα στους νεκρούς,
η ενέργεια που είχα είναι το είδος της ενέργειας
που χρειάζομαι για να μείνω ζωντανός και το κατάλαβα αυτό.

Οι ακτίνες του ήλιου ξεπροβάλλουν μέσα από
το σκοτεινό σύννεφο,
ένας ωκεανός αναδύεται από τον θάνατο των ποταμών.
Υπάρχουν δύο τρόποι για να ζήσεις μια ζωή,
μπορώ να ακολουθήσω τον δύσκολο...

Καθώς Στεκόμαστε στη Μέση: Ανάγκη για Ισορροπία

(Τι μας έφεραν τα Χρόνια της Αυταπάτης)

Ένα Γράμμα στην Αγαπημένη μου Σύζυγο

Αγαπημένη

Αν μπορούσα να σου πω οτιδήποτε ή να σου δείξω τα συναισθήματά μου, αυτό θα ήταν ένα σημαντικό σημείο που θα έκανε τη ζωή μας να αλλάξει. Αλλά τώρα σου το λέω με ένα μέσο που είναι τα μέσα μαζικής ενημέρωσης.

Παρόλο που ζούμε μαζί ως παντρεμένο ζευγάρι από το 2003, ο γάμος μας είναι αποτυχημένος γιατί δεν είμαστε αδελφές ψυχές, μερικές φορές λειτουργούμε ακόμα κι ως εχθροί. Είναι εύκολο να αγαπάς κάποιον που δεν σου ανταποδίδει την αγάπη; Παρόλο που δώσαμε όρκο ότι θα αγαπάμε πράγματι ο ένας τον άλλον. Όμως πρόκειται για ένα είδος "αγάπης με μίζα" που δεν μπορεί να χαρακτηριστεί αγάπη, μάλλον πρόκειται για μια επιχειρηματική συμφωνία.

Ένα πράγμα με εκπλήσσει που είμαστε ακόμα μαζί. Καθώς δεν θα με ακούσεις, έχω απεικονίσει τη ρημαγμένη ψυχική μου ταλαιπωρία στα ποιήματα που έγραφα τα τελευταία τρία χρόνια. Χρησιμοποίησα μερικούς στίχους από αυτά για να σε κάνω να νιώσεις τον πόνο που πέρασα.

"Θέλω να δω αυτό το εβένινο alter ego
Που θα με πάει στο καταδικασμένο μου μέλλον
Για να δω αν υπάρχει ένα διάλειμμα στα σύννεφα"

Όταν σε ερωτεύτηκα, ήμουν ανώριμος και αφελής και
ενθουσιάστηκα όταν έδειξες κάποιο ενδιαφέρον για μένα.
Πώς ξέρω όταν αρχίζω να συμπαθώ ένα άτομο αν θα γίνει
εχθρός για μια ζωή; Με την πάροδο του χρόνου η κατάσταση
γίνεται τέτοια που με έχει κάνει συναισθηματικά και σωματικά
αδύναμο.

"Όταν τα μαλλιά σου που είναι μαύρα σαν κοράκι,
ακτινοβολούν σκιές,
Αναπαύομαι στην αγκαλιά σου,
η νύχτα έρχεται, η μέρα σβήνει
Τα θαυμαστά, καστανά σου μάτια με κρατούν ήρεμο,
Θα αγαπιόμαστε μέχρι να υπάρχουν αστέρια, ουρανοί,
θάλασσες"

Είμαστε τόσο αδύναμοι που δεν μπορούμε να ακολουθήσουμε
διαφορετικούς δρόμους ή είμαστε υπερβολικά αισιόδοξοι ότι
μια μέρα θα τακτοποιηθούν τα πράγματα; Καθώς ζούμε σε μια
μικρή κοινωνία και είμαστε δέσμιοι των παραδόσεων και
μπορεί να είμαστε κάπως φοβισμένοι από την κοινωνία,
υποφέρουμε συνεχώς, αλλά διστάζουμε να χωρίσουμε με την
ελπίδα ότι όλα θα πάνε καλά κάποια μέρα.

Όμως αυτή η αναντιστοιχία επηρεάζει κακώς τα δύο μας
παιδιά. Η κατάσταση με έχει καταβάλει και περνάω την
κόλαση κάθε λεπτό. Όταν είμαι αναστατωμένος, όπως
συμβαίνει κάθε λίγες μέρες, δεν ασχολούμαι και δεν παίζω

μαζί τους. Έχω μετατραπεί σε έναν κακό μπαμπά γι' αυτά. Μερικές φορές, τα χαστουκίζω ακόμη και για μικρά λάθη. Ξεφεύγουν από μένα. Γιατί πρέπει αυτές οι καημένες ψυχές να υποφέρουν χωρίς να φταίνε οι ίδιες;

"Υπάρχει ζωή μετά το θάνατο;
Υπάρχει μονοπάτι στον ουρανό;
Είμαστε πρόθυμοι αμαρτωλοί,
Αλλά υποκείμενοι σε συγχώρεση"

Μέσα από αυτό το γράμμα, θέλω να σου πω ότι η αγάπη υπομένει, η αγάπη είναι ευγενική. Δεν ζηλεύει, δεν καυχιέται, δεν είναι υπερήφανη. Πάντα προστατεύει, πάντα εμπιστεύεται και πάντα επιμένει. Η αγάπη δεν είναι εγωκεντρική, είναι το αντίθετο της εγωκεντρικής αναζήτησης. Αν πέσουμε στη συνήθεια της μοναξιάς, αυτή θα γίνει χαρακτηριστικό της ζωής μας.

"Ζωγράφισα έναν ωκεανό
Αλλά ξέχασα την ακτή
Δεν υπήρχαν πλοία
Όταν έριξα μια προσεκτική ματιά,
Ήταν η απομόνωσή μου
που έπλεε σαν τα κύματα της θάλασσας"

Ένας λόγος για τη δυσαρέσκειά σου είναι η παράτυπη δουλειά μου. Έχω αποδειχθεί εντελώς αποτυχημένος σε αυτό τον τομέα. Ως προσωρινός δάσκαλος, δεν μπόρεσα να διαχειριστώ καλά τις οικονομικές μου ευθύνες. Οι λανθασμένες επενδύσεις και άλλα τυχερά παιχνίδια δεν απέδωσαν. Αυτό έκανε την κατάσταση χειρότερη.

Τώρα τρέχω με τα χρέη. Πρέπει να πληρώνω τόκους γι' αυτά. Δεν μπορούσα να κοιμηθώ τη νύχτα. Έχω ημικρανία τώρα.

Το άλλο μέρος του προβλήματος είναι ότι πάντα ήθελα να γίνω συγγραφέας ή ζωγράφος. Αλλά για να γίνεις επιτυχημένος συγγραφέας, χρειάζεσαι χρόνο και, κυρίως, χρήματα για να γίνεις διάσημος με τη χρήση των σύγχρονων μέσων κοινωνικής δικτύωσης και άλλων εκδοτικών τρικ και να κάνεις φίλους στην εκδοτική αδελφότητα, καθώς πρόκειται για έναν υποκειμενικό τομέα.

Θέλω να κερδίσω χρήματα γράφοντας, αλλά δεν είναι εύκολο και πολύ αργά για μένα. Άρχισα να εκδίδω το 1994, αλλά έγραφα μόνο μια στο τόσο λόγω μιας ταραγμένης ζωής από την παιδική μου ηλικία. Μερικές φορές υπήρχαν κενά 7 ετών μεταξύ των άρθρων.

"Δεν υπάρχει ζωντάνια
Η ζωτική δύναμη παρασιτεί
Πώς εισπνέω τη ζωή;
Οι μέρες και οι νύχτες μου είναι κλειδωμένες"

Τώρα η κατάσταση είναι τέτοια που φοβάμαι να επιστρέψω στο σπίτι, καθώς μια γκρίνια με περιμένει πίσω από την εξώπορτα. Έχω σκέψεις να μιλήσω για τα συναισθήματά μου, αλλά στο πίσω μέρος του μυαλού μου, ξέρω ότι είτε δεν θα με ακούσεις προσεκτικά είτε δεν πρόκειται να με καταλάβεις πλήρως.

Έτσι, όλα αυτά είναι μέσα μου απλά μια τρύπα που καίει και με κάνει να δυσανασχετώ. Έχεις επιθετικό τόνο στη φωνή και στη στάση του σώματος. Μέρα και νύχτα με χλευάζεις με κάποιο είδος σαρκασμού ή γελοιοποίησης. Μερικές φορές δεν μιλάμε καθόλου. Βρίσκομαι σε μια συνεχή μονομαχία με τον εσωτερικό μου εαυτό, αλλά κατηγορώ την εξωτερική πηγή για την ήττα.

"Κάθε βράδυ περιπλανιέμαι στην πόλη του κρεβατιού...
Για να αγοράσω μερικές ηρεμιστικές απολαύσεις
από το σπίτι μου,
Σκοτεινά φανταστικά μυστήρια της ανθρώπινης
ζωής με πείθουν να δραπετεύσω
Από την ημέρα του αγώνα και της διαμάχης,
Ανυπομονώ να πάω σ' εκείνη τη χώρα της λησμονιάς,
σε εκείνη την άγνωστη περιοχή"

Επειδή δεν γνωρίζεις… η δυστυχισμένη παιδική μου ηλικία με έκανε τόσο αντιδραστικό. Έχεις χρόνο και καρδιά να μάθεις το ιστορικό μου; Αυτή η αναδρομή θα σε βοηθήσει να κατανοήσεις τις αδυναμίες μου.

Πρέπει να αναπτύξουμε έναν μηχανισμό για να λύσουμε το θέμα και θα μας γλιτώσει από περισσότερα χρόνια αδυναμίας στον γάμο μας. Ο καθένας θα μπορούσε να έχει ανεπιτυχή γάμο, αλλά ένα καλό επίπεδο προσαρμογής για κάποιους καλούς και κακούς λόγους είναι απαραίτητο.

"Γιατί ο εγκέφαλός μου είναι μια μαύρη τρύπα;
Πώς γίνεται να μην είναι ένα σύμπαν
ενός αστερισμού μιας ημικρανίας, χαπιών,
ενέσεων, οσφυαλγίας και αϋπνίας; "

Πώς μπορούμε να αποκαλούμε τους εαυτούς μας παντρεμένο ζευγάρι όταν δεν κοιμόμαστε στο ίδιο κρεβάτι ή στο ίδιο δωμάτιο; Θέλω να κάτσω μαζί σου, να σου ανοίξω την καρδιά μου, να σου κάνω έρωτα, να απολαύσω ένα δείπνο μαζί σου σε κάποιο εστιατόριο και να πάμε ένα ταξίδι.

Αλλά όλα αυτά τα πράγματα έχουν γίνει όνειρο- μάλιστα, όταν βλέπω άλλα ευτυχισμένα παντρεμένα ζευγάρια, τις περισσότερες φορές νιώθω να βασανίζομαι. Έχω πολύ καιρό να πάω σε ένα πάρτι ή να επισκεφτώ έναν φίλο. Σπάνια πηγαίνω στην αγορά. Δεν κοινωνικοποιούμαι. Δεν ντύνομαι καν σωστά, όπως βλέπεις και μου έχεις πει πολλές φορές.

"Το νοητικό μου καλώδιο καθιστά
εικόνες φθαρμένων διαδρομών,
Μετά από ένα βραχυκύκλωμα που συνέβη
Στα μονοπάτια των καθημερινών βαρών,
Το άρρωστο σώμα μου τρέμει με το
βάρος του, καθώς του αφαιρείται η δύναμη της ζωής"

Όταν ένας άνθρωπος είναι λυπημένος, ο κόσμος δεν τον ενδιαφέρει. Για ποιον θα ντυνόταν; Δεν με καταλαβαίνεις λίγο; Κατά τη διάρκεια της ημέρας, παραμένω συνειδητά απασχολημένος καθώς προσπαθώ να κρατήσω απόσταση από εσένα. Αλλά αυτό έχει επίσης αρνητικές επιπτώσεις στα μάτια και την πλάτη μου, καθώς κάθομαι 10-12 ώρες συνεχώς στον υπολογιστή.

Από την άλλη πλευρά, όταν έχεις ελεύθερο χρόνο, σκέφτεσαι να μιλήσεις, να συζητήσεις ή να διασκεδάσεις μαζί μου, αλλά είμαστε τόσο αποκομμένοι ο ένας από τον άλλον που κανείς δεν έχει το θάρρος ή την ταπεινότητα να το τελειώσει πρώτος.

"Θα συμφιλιωθώ με τα
τορπιλισμένα μου όνειρα,
τη σπασμωδική καρδιά,
τις σπάνιες νύχτες,
τις δύσκολες μέρες,
το κουρασμένο κορμί
και την ταλαιπωρημένη ψυχή"

Θέλω να ξεκινήσω από την αρχή. Πρέπει να σηκώσουμε τους εαυτούς μας. Πρέπει να αφήσουμε τους εγωισμούς μας στην άκρη. Πολλές φορές σκέφτομαι να κάνω κάποιες απλές βεβαιώσεις όπως όταν πάω σπίτι, θα δω τα παιδιά και τη γυναίκα μου ή θα περάσουμε καλά μαζί. Αλλά αυτό δεν συμβαίνει. Χρειάζομαι τη βοήθειά σου.

Κάθε πρωί πρέπει να διεκδικούμε μια υπέροχη μέρα ευχαριστώντας ή επαινώντας ο ένας τον άλλον για κάποιο έργο. Θα νιώσεις μια ενέργεια να ρέει μέσα σου. Είναι φοβερό να λες ότι κανένα όπλο εναντίον σου δεν θα τα καταφέρει, αλλά είναι ανθρώπινο να πιστεύεις ότι οι άνθρωποι έχουν σκοπό να πάρουν από εσένα.

"Όταν η πίστη είναι φωτεινή, οι αμφιβολίες
χάνουν τη λάμψη τους,
Όταν η σοφία μεγαλώνει, τα δάκρυα συρρικνώνονται,
Κάθε κλαδί περιμένει να φέρει την ανθοφορία,
Η ελπίδα σου δίνει την ευκαιρία μιας δεύτερης άνοιξης"

Μπορείς να προσδιορίσεις τις απόψεις σου, αλλά ο τόνος

πρέπει να είναι της συνεργασίας. Αποδέξου λοιπόν τις διαφορές και κάνε τις ευκαιρίες.

"Το σώμα του Χριστού έχει διαφορετικά μέρη που συνασπίζονται σε μια ενότητα"

Η απλή λύση είναι να κοιτάξεις στα μάτια μου και να πεις: "Δεν είσαι εχθρός μου". Είμαι εσωστρεφής αλλά θα προσπαθήσω να το δείχνω πού και πού. Θα μπορούσαν κάποιες μικρές χειρονομίες, αγγίγματα και δώρα ή μπορεί ένα πικνίκ, μια ταινία, μια ώρα για ψώνια να κάνουν τη διαφορά;

Ένα Δέντρο στην Αυλή Μου

Ένα μνημειώδες δέντρο στην αυλή μου
η μόνη κληρονομιά που έλαβα...
Ένας βάρδος...τα ιριδίζοντα φύλλα του
με τα ντελικάτα άνθη του...
γλυκά μπουμπούκια, μερικά έχουν πέσει...

Ακούω το απόκοσμο κελάηδισμα από τα δέντρα
από το σπίτι των σπουργιτιών.
Ένα χαρούμενο άλμα κάθε ηλιοβασίλεμα
μου ψιθυρίζει από επάνω
καθώς τα ξερά φύλλα αναβλύζουν σαν γλυκό σιρόπι.

Στέκομαι από κάτω για να αντιγράψω την προσωπικότητα
ένα πρωινό αεράκι σαρώνει σαν ποτό γιαγκόνα.
Η γυναίκα μου ανάβει τη λάμπα που τροφοδοτείται
με έναν ύμνο και αγγίζει τα τραχιά πόδια για να πάρει
κάποια ευλογία.

Όποτε είμαι απογοητευμένος, βρίσκω
την ήρεμη φωνή του, αλλά σε μια παντομίμα
το απόγευμα διαλογίζεται σαν ερημίτης...
Ο σοφός αδελφός μου, πρέπει να το παραδεχτώ.

Κάθε βράδυ τα παιδιά παίζουν στη σκιά
με ώριμους, γλυκούς καρπούς.
Το σκοτεινό μου κρεβάτι είναι στην αυλή του.
Κοιμάμαι σαν ο αγαπημένος του προστατευόμενος.
Δεν υπάρχει κανένα διακριτό κενό
καθώς κοιμάμαι στη θολή αγκαλιά του...

Θαλασσινό τοπίο

Αγάπη μου, όνειρό μου! Έλα μαζί μου.
Θα σκεπάσουμε το λιβάδι, πέρα από τη θάλασσα.
Θα χτίσουμε ένα παλάτι ανάμεσα στα αστέρια,
μακριά από τις γήινες διαμάχες και τους πολέμους.

Κοίταξε τα ουράνια τόξα, τα λευκά ποτάμια,
τα πλατύφυλλα βουνά, τα κόκκινα τριαντάφυλλα,
τα καφέ σπουργίτια...
Φωτεινά σκουλήκια που λάμπουν, χρυσοί αετοί,
μαύρες μέλισσες
Κίτρινα ηλιοτρόπια, κατακόκκινους μακάκους,
 πράσινα δέντρα.

Οι βροχές ποτίζουν το πρωί, οι νύχτες λάμπουν με δροσιά.
Ένα μπουκέτο μεσημέρι σε δόση,
μετά βραδινά πουλάκια σε θέα.
Χειμώνας με ζεστό ήλιο, φεγγαρόφωτες δροσερές νύχτες.
Θαυμάζω τη χάρη σου, το άγγιγμά σου με κάνει να φοβάμαι.

Όταν τα φουντωτά κορακίσια σου μαλλιά ακτινοβολούν σκιές
αναπαύομαι στην αγκαλιά σου.
Η νύχτα έρχεται και η μέρα σβήνει...
Τα θαυμαστά, καστανά σου μάτια με κρατούν ήρεμο.
Θα αγαπιόμαστε όσο υπάρχουν αστέρια, ουρανοί, θάλασσες

Περπατάει με Ρυθμό

Όταν τα αετίσια μάτια μου σε είδαν
βρήκα ένα θράσος στις φλέβες.
Μια στάση στην εργαζόμενη καρδιά που αντλεί το κόκκινο.
Σαν μια μέρα χρυσού ήλιου το λαμπερό καλοκαίρι,
έρχεται σαν δροσιστική αύρα του πρωινού,
ένας ζωντανός κήπος για πάντα ανθισμένος.

Λίγο ντροπαλή για την ίδια σου τη δόξα.
Πιο όμορφη από την ομορφότερη,
μια λάμψη που δεν ξεθωριάζει ποτέ...
Οι όψεις της καλύτερες από το σκοτάδι και το φως,
τα χείλη της είναι κοραλλένια κόκκινα,
τα μάγουλα είναι τριαντάφυλλα κόκκινα και λευκά,
μια κοιλάδα στο στήθος, βαθιά και απότομη.
Ένα χαμόγελο που κερδίζει χίλια βασίλεια!

Η γοητεία της που ευχαριστεί αλλά
μπορεί να σπαταλήσει τη νιότη σου σε αναστεναγμούς.
Τα αέρινα μαλλιά της κουνιούνται σαν
ασημένια γραμμή αράχνης,
η ήπια φωνή της ξεθωριάζει σαν παλιές μελωδίες όπερας,
το άρωμα της ψυχής της αισθάνεται στο σθένος σου,
καθώς περπατάει με ρυθμό στο μονοπάτι των κενών στίχων
χίλιες ανώνυμες χάρες κινούνται...

Όταν χορεύει με τα φθινοπωρινά φύλλα
κάποιοι απαλοί ψίθυροι δονούνται στο πνεύμα μας,
τρέμει τη γη κάτω και τον ουρανό πάνω

γιατί είναι μια θεότητα, μια ενσάρκωση.
Μπορώ να δω μόνο μέσα από τα κλειστά μου μάτια.

Μια Λάμψη Φαντασίας

Μια άγνωστη ντροπαλή δεσποινίδα
στο δρόμο μου τις προάλλες,
όπως πηδούσε ένα μοσχομυριστό ελάφι,
ένα φεγγάρι βγήκε από το σκοτεινό σύννεφο.

Πρόσωπο, μισοσκεπασμένο με κορακίσια μάυρα μαλλιά
που άναψε τη νύχτα μέσα στη μέρα.
Το στυλ και η χάρη της ήταν παραδεισένια.
Έκανα την πρότασή μου γρήγορα.
Εκείνη ήταν σκυθρωπή και εξαφανίστηκε
σαν φούσκα στο νερό…

Αυτή η αστραπιαία συνάντηση,
ένα ανέκδοτο για τη ζωή.
Δεν μπορώ να ταξιδέψω στα ίχνη της
σε αυτή την κοσμική θάλασσα.
Αλλά θα ενέπνεε έναν βάρδο
να είναι διανοούμενος στο εξής.

Μια Ανάμνηση του Ουράνιου τόξου

Όταν το κούφιο παρόν μου φυσάει
τα πεθαμένα κάρβουνα της καρδιάς,
μια τρυφερή παιδική στάχτη λάμπει.
Η παγωμένη μαύρη μνήμη λιώνει
τα χρώματα του παρελθόντος.
Μια λάμψη από αναμνήσεις ουράνιου τόξου,
Καθώς περπατάω στο πατημένο μας πεζοδρόμιο.
Είδα μια θάλασσα ανάμεσα στα σπίτια...

Το κόκκινο φόρεμά σαν μια κατακόκκινη βάρκα
βυθίζεται στη χρυσή άμμο.
Πιάνω γαλάζια δίχτυα ψαρέματος...
Βάψε αυτούς τους καφέ τοίχους του φρουρίου
στην πράσινη παραλία με τους λειχήνες.
Η ψυχή μου μιλάει, τα χείλη μου κινούνται.
Μια συχνότητα από συναντήσεις, ένα κύμα από αγκαλιές,
καθώς πιάνω με δίχτυα αυτές τις στιγμές
σαν τις κίτρινες γροθιές ενός αχρείου του δρόμου
που κρατάει το ουράνιο τόξο στη μικροσκοπική του αγκαλιά.

Η Μητέρα μου

Από τότε που με άφησε για ένα μακρύ ταξίδι,
τώρα κάθε μέρα το ρολόι μου ξεκινάει από το μηδέν...
Αλλά δεν υπάρχει μηδέν στα άλλα ρολόγια.
Δεν ξέρω πού ζει η μητέρα μου.
Το προηγούμενο βράδυ το δέρμα μου ήταν απαλό σαν
να με φίλησε με τα βρεγμένα της χείλη.

Η μητέρα μου επιθυμούσε να με δει αισιόδοξο,
μου απαντάει για τα πρόσφατα μικρά
έκτακτα περιστατικά σχετικά με την υγεία της,
για το πώς έπαιζε με τα αδέρφια μου,
με θέλει να επιστρέψω στη ζωή.

Αναρωτιέμαι γιατί μόνο οι άνθρωποι χρειάζονται
να βρουν πώς να κινηθούν με λογική;
Γι' αυτό γκρινιάζουμε λογικά;
Ήταν απλό να μην πάω εκεί.
Ξέρω ότι πρέπει να τη συναντήσω, αλλά
τα βάρη του παρελθόντος με σταματούν
να τη συναντήσω στη γη της επαγγελίας της.

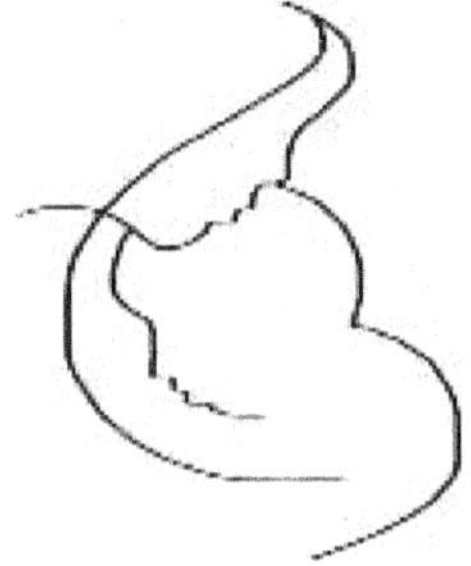

Ο Πατέρας μου

Ο πατέρας μου δεν έκανε ποτέ γυναικεία πράγματα
όπως να παίρνει τα παιδιά του στην αγκαλιά του και
να τα αγαπάει ή να παίζει μαζί τους.
Ναι, έκανε αντρικά πράγματα, όπως το να σπάει
κάποιους καθρέφτες, να χτυπάει τις πόρτες ή
το κεφάλι του στον τοίχο,
χαστούκιζε τα παιδιά του και κακοποιούσε τους πάντες
όταν η αδυναμία του τον παγίδευε
στον ιστό της φτώχειας, της έντασης
και των ανεκπλήρωτων επιθυμιών.

Ορθόδοξος και θρησκόληπτος μέσα του μας δίδαξε
τις περισσότερες δεισιδαιμονίες που τον έκαναν σοφό
χωρίς κοινωνική ζωή και εμένα σχεδόν άθεο.
Μας δίδαξε καλές αξίες χωρίς
να μας αφήσει να μπούμε στο δωμάτιό του.
Τον είχαμε δει να γράφει ποιήματα
αλλά δεν ήμασταν μέρος του σύμπαντός του.
Ο κόσμος μπορεί να γνωρίζει τα έργα του
αλλά δεν έχουμε διαβάσει τα βιβλία του
καθώς έχουμε αναπτύξει ανοσία σε αυτά.

Ως δάσκαλος, άλλαξε πολλά σχολεία
και ως τίμιος άνθρωπος,
σπάνια παρακολουθούσε κάποια
κοινωνική συγκέντρωση ή εκδήλωση.

Δεν μας έλεγε την ιστορία ή τη γεωγραφία μας,

αγνοώντας τα αδέλφια,
κλειδωμένος σε έναν κλειστό οικογενειακό κύκλο
αγνοώντας την κοινότητά μας.
Ζούμε στα όρια του κοινωνικού μας κύκλου τώρα.

Θέλω να είμαι με τον πατέρα μου, να μιλήσω, να μάθω
και να τον υπηρετώ, αλλά ακόμα μου λείπει ένας δεσμός.
Έχω να τον δω πολύ καιρό και
δεν αισθάνομαι ποτέ την ανάγκη ή τον πόνο
για να το κάνω.

Μετράει τον χρόνο του.
Η κληρονομιά του είναι μερικά βιβλία που έχουν εκδοθεί
και αδημοσίευτα χειρόγραφα
που βρίσκονται σε ένα κατάστημα Almirah.
Το μεγάλο κενό μεταξύ μας με σταματάει
να κάνω αυτά τα λίγα βήματα.
Φαίνεται ένα μακρύ ταξίδι...
Η ανατροφή και η τύχη διαμορφώνουν τη ζωή μας,
ο πατέρας μου ήταν παιδί της ατυχίας του και
εγώ είμαι παιδί του πατέρα μου...

42

Η Αδελφή μου

Από εκείνα τα αθώα χρόνια όταν
μοιραστήκαμε τη ζωή μας μαζί,
παρέμεινα βαθιά δεμένος μαζί σου
περισσότερο απ' ό,τι στη μητέρα μας.

Όταν έπρεπε να είμαστε χώρια,
πήγαινες στο σπίτι σου.
Εγώ όμως ήμουν μαζί σου σαν προίκα!
Πέρασα τις νεότερες μέρες μου
όπως ήταν η αδελφική μου αγάπη
στην υπηρεσία σου με ήλιο ή βροχή.

Πάντα σκέφτεσαι εμένα πρώτα.
Με στήριξες, με γνωρίζεις βαθιά μέσα σου,
αλλά ακόμα κρύβω τόσα πολλά πράγματα.

Ήρθε μια στιγμή που ένας κεραυνός χτύπησε.
Πήραμε τους δικούς μας δρόμους,
αλλά αν μου είχες πει το λάθος μου
θα ήταν ένας καλύτερος χωρισμός.

Όταν απέτυχες να με συναντήσεις εκείνη
την "ημέρα της Ράκσα",
αποδείχθηκε ότι ο δεσμός μας ήταν πολύ γλυκός
για να διατηρηθεί σε μια μακροχρόνια ζωή.
Αναρωτιέμαι μήπως η αγάπη μας ήταν μια φούσκα ή
η στιγμή μας προσπέρασε...

Παρόλα αυτά ξέρεις τι επιθυμώ.
Όλες οι παρεξηγήσεις και οι ανόητοι καβγάδες
που μας έκαναν να λυπηθούμε, είναι μέρος του να μεγαλώνεις.
Μου δίδαξες τόσα πολλά μαθήματα ζωής,
το καλό, το κακό και το νόημα της προσπάθειας.
Ήμουν άσχετος με τους κοσμικούς τρόπους.
Εδώ μια φτωχή ψυχή είναι κάτι που πρέπει να αγνοήσεις,
και εσύ τριγυρνούσες ανάμεσα σε διάφορες σχέσεις.
Η αγάπη μου χάθηκε στο πεδίο της οικονομικής μάχης…

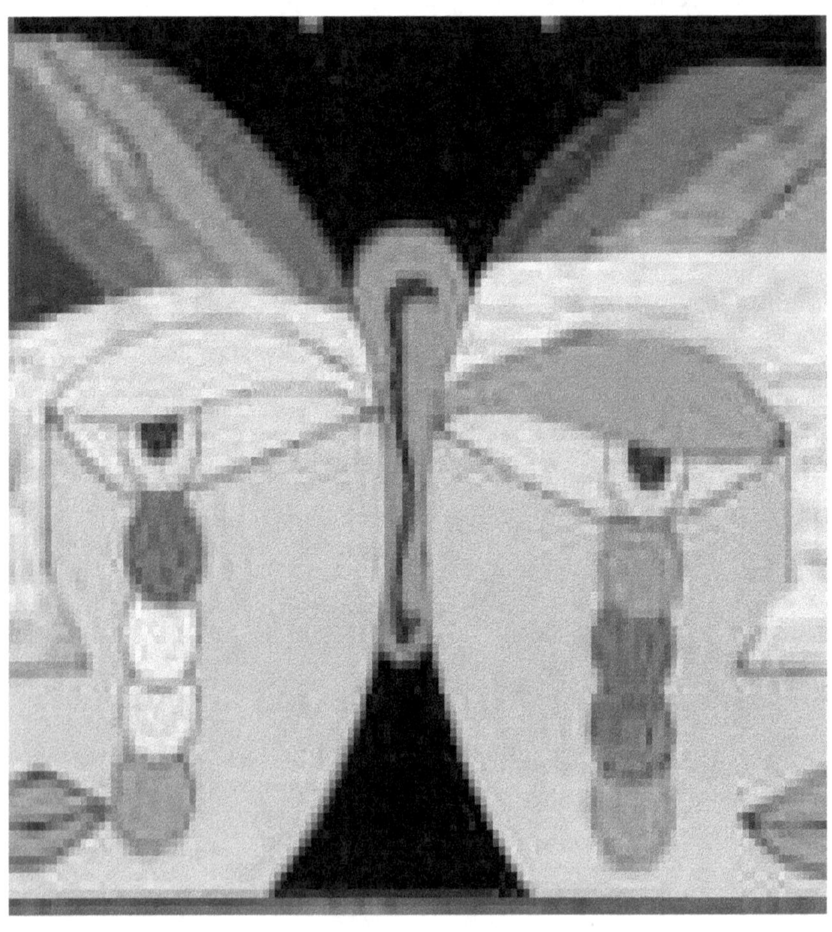

Μια Επίσκεψη στο Νοσοκομείο

Τα νοσοκομεία είναι το ιδεόγραμμα της αλήθειας
όπου ο θάνατος δεν έχει ψεύτικη απόχρωση πόνου ζωής,
ροζ οδύνης, αλλά χρωματισμένη ελπίδα.

Θα μπορούσες να δεις το Hoag σαν γαλαξία
μέσα σε έναν γαλαξία… μέσα σε έναν γαλαξία…
Ένας ασθενής, σαν φοίνικας,
αποκτά νέα ζωή αναδυόμενος από τις στάχτες του,
αλλά ο άλλος πεθαίνει σε μια παράσταση
από φλόγες και ασθένεια καύσης.

Οι λευκοί τοίχοι έχουν εγκαταλείψει
το πετρέλαιο και την αρωματική κόρη του.
Καθώς υιοθετούμε νέο άρωμα
του φαρμάκου, του σιροπιού, του dettol ή του αντισηπτικού
με μερικά από τα άοσμα κόκαλα και το κρέας.

Άνθρωποι χειρουργοί, χαρούμενοι πράσινοι,
με φόβο και ελπίδα
με τη μορφή του ονείρου προσθέτουν λίγο
φίλτρο αγάπης σε κάθε συνταγή.

Ο άρρωστος, τόσο αληθινός, ωχρός… μπλε…
Δεν θα μπορούσες παρά να είσαι γενναίος για να δεις
αυτούς τους ασθενείς της υπομονετικής Σπαρτιατικής σχολής.
Καθώς ο άνθρωπος είναι μεγαλύτερος από τον πόνο του,
θα ήταν ένας μεγάλος φιλόσοφος,
μόλις έβγαινε από το νοσοκομείο…

Μια ψυχή έρχεται να τους συναντήσει κρατώντας τους το χέρι.
Νιώθεις σαν να κρατάς τα κλειδιά του σπιτιού σου στο χέρι,
αλλά εδώ καμία καρδιά δεν παρακάμπτεται από την αγάπη.
Όταν τους αγκαλιάζεις τα πλευρά τους κάνουν
ένα χώρο για τη σαρκώδη κοιλιά σου,
καθώς αισθάνεσαι τον τιτάνιο καταρράκτη
της καρδιάς τους να βυθίζεται αργά.

Αποφύγετε κάθε καθρέφτη ή αυτοαντανάκλαση.
Δεν θα δείτε τα πράγματα που συνήθως βλέπετε
αλλά η εξαγνισμένη ψυχή σας θα ξεπροβάλλει
από το ύφασμα του σώματος σαν το φως του ήλιου
που βγαίνει από ένα κλειστό παράθυρο.

Δύσκολο να εξισορροπήσετε τον μικρό εαυτό σας
ως εσωτερικό βάρος.
Θα είναι περισσότερο από το βάρος του σώματος.
Ας υμνήσουμε αυτά τα άυπνα κρεβάτια,
ας επαινέσουμε τους ανεμιστήρες που δεν ρυθμίζονται,
ας επαινέσουμε την υπηρεσία δωματίου που δεν υπάρχει,
ας επαινέσουμε το προσωπικό του νοσοκομείου...
είναι άγγελοι χωρίς φτερά!

Καλύπτονται κάτω από την ψεύτικη μάσκα της χαράς.
Βρίσκουν ληγμένα πνευμόνια και κουρασμένες καρδιές
που βρίσκονται στο μονοπάτι τους κάθε μέρα.
Παίζουν πόκερ με τις ζωές τους
σε αυτό το παιχνίδι με ιούς και ασθένειες,
προωθώντας το θάνατο και για άλλα παθητικά μέρη.

Corona -Vorona Ημέρες-Τρόποι

Η ανθρωπότητα καταρρέει στον κορωνο-ρυθμό.
Εγώ σαν θαλάσσιο ποντίκι επιστρέφω στην κρυψώνα μου.
Ένα ξυπνητήρι κάθε πρωί, στο κρεβάτι για να αγνοήσω.
Αυτό που φαίνεται σαν λεπτά είναι ώρες, εβδομάδες
και εβδομάδες σε χειμερία νάρκη.
Είμαι μια μικρή μοναχική αρκούδα;

Νοσταλγώ το σπίτι μου
σε μια φυλακή που δεν είναι το σπίτι μου.
Αισθάνομαι σαν να με κυνηγάει ένας
ανατριχιαστικός κλόουν ή
με έχουν στριμώξει ζόμπι.
Εργάζομαι από το πράσινο σπίτι σε έναν κόσμο
με κόκκινη ζώνη.

Συνδέομαι για να κάνω παρέα, αλλάζω τη φωνή μου.
Τα ρομπότ του σώματός μου επαναλαμβάνουν φάε,
κοιμήσου και φάε.
Το πρωινό είναι ακόμα πρωινό αν το φάω στις 12;
Είναι το δείπνο ακόμα δείπνο αν τρώω μπισκότα αντί για τσάι;

Ανοιγοκλείνω τα μάτια μου, εστιάζοντας στον ορίζοντα
λες και η συγκέντρωση θα με μεταφέρει εκεί.
Μήπως μόλις είδα μια πεταλούδα να προσγειώνεται
σε αυτό το λουλούδι;
Όταν τα kookaburras πετούν πάνω από άδειους δρόμους
ξέρουν τι μας συμβαίνει;
Παρατηρώ περισσότερα από ό,τι πριν;

Καθώς οι πνεύμονες είναι καθαροί, τα πουλιά
είναι τώρα αεροπλάνα.
Βγαίνουμε από το σπίτι μέχρι
τον κήπο και πάλι μέσα.
Μας έκανε όλους ερημίτες...
Ο ουρανός είναι μπλε τώρα, ή μήπως είμαι μόνο εγώ;
Τώρα καταλαβαίνω ότι το λιγότερο σημαίνει περισσότερο...

Αμείλικτο λαχάνιασμα της κυκλοφορίας και των ανθρώπων
είναι τώρα η συνειδητή αναπνοή του μαραθωνίου.
Ψωνίζουμε για να εντοπίσουμε την υγεία των άλλων,
απολυμαντικά στις τσέπες με μάσκες προσώπου...
Το φτέρνισμα είναι ένας τρόπος να τραβήξουμε την προσοχή.
Οι πολεμιστές του Corona στην πρώτη γραμμή,
αλλά κάποιοι άνθρωποι εξακολουθούν να βρίζουν
και να κλαίνε.

Αυτό το πράγμα δεν είναι μυθοπλασία...
Υγεία εναντίον οικονομίας.
Η μυθοπλασία είναι σκοτεινή,
αλλά υπάρχει ακόμα μουσική.
Ο Covid-19 είναι ένας υδροκέφαλος διεκδικητής
για να ξυπνήσει ο σύγχρονος τρόπος ζωής μας,
αγοράζοντας φτηνά εργαλεία από φτηνό εργατικό δυναμικό.

Αναρωτιέμαι γιατί νιώθω ενοχές
όταν βλέπω άλλους να υποφέρουν ενώ εγώ όχι.
Τώρα αρχίζω να συνηθίζω τις πιτζάμες μου...

Η Πόλη μου

Η πόλη μου απολαμβάνει ένα κλεμμένο πρόσωπο.
Εμπορικά κέντρα-ουρανοξύστες συνδέουν τα ζωτικά της μέλη.
Οι μέρες εκτοξεύουν επίπονη δύναμη
καθώς οι νύχτες είναι δύσκαμπτες και αβέβαιες...

Κόρνες, σειρήνες, μουσική, ρύπανση, θόρυβος και σιωπή
χτυπούν εκατομμύρια τύμπανα για να συνθέσουν
βουβούς ήχους.
Τα κεφάλια των βλαστών μεγαλώνουν σε κάθε άδειο μέρος.
για να πάρουν τη χούντα της ανθρωπότητας
στις καθημερινές της βόλτες.

Αυτοί οι πολίτες δεν σταματούν ποτέ,
αλλά στριφογυρίζουν ένα μολύβι
συνεχώς...ακατάπαυστη κουλτούρα εργασίας.
Υπάρχει φως τριγύρω, αλλά το τοπίο φαίνεται να ξεθωριάζει.
Η στοχευμένη εκσκαφή της ζωής γίνεται τάφος για τη φύση.

Αδύναμος πρωινός περιπατητής ή
γλοιώδης βραδινός περιπλανώμενος.
Μηχανικοί ή ανίκανοι ξενύχτηδες.
Καναπές, χαλί, τηλεόραση, κινητό και κλιματιστικό
όλα είναι γρανιτένια μουσεία, αλλά όχι
νυσταγμένοι επαναστάτες.

Οι μεγάλοι δρόμοι είναι οι δρόμοι του θανάτου.
Προσπαθώ για ένα γαλήνιο πέρασμα.
Με έχει καταστρέψει η πόλη με οποιονδήποτε τρόπο;

Όχι, έχει καταστρέψει καλύτερους ανθρώπους από μένα.

Στέκομαι μόνος μέσα σε ένα εκατομμύριο πλήθος.
Ο Θεός ήταν σιωπηλός όταν υπέφερα γρήγορα.
Δεν είμαι έτοιμος να πεθάνω αγνοημένος.
Θα χτίσω μια νέα πόλη πριν αναπνεύσω για τελευταία φορά...

Ζωή στην Πόλη

Φωτεινές απολαύσεις αλλά βαρετή ζωή.
Βιασύνη, χάος και διαμάχες.
Τρόπος για να ευδοκιμήσεις, μια μηχανική ζωή
πιο τεχνητή, λιγότερη φύση.
Μια κοινωνία, μια μίξη πολιτισμών.

Ζεστό σκυρόδεμα αλλά κρύο ατσάλι.
Πολλές συμπάθειες, αλλά λίγοι θα νιώσουν.
Πολλά γέλια, αλλά μερικοί θα χαμογελάσουν.
Ντίσκο, παμπ, ξενοδοχείο και κλαμπ
διασκέδαση και ξεφάντωμα, η πόλη είναι το κέντρο.

Πολλά αγκάθια, λίγα τριαντάφυλλα.
Ψεύτικοι φίλοι αλλά πραγματικοί εχθροί.
Η χαρά σου και τα βάσανά σου.
Μικρές οικογένειες αλλά μικρές καρδιές.
Μεγάλα τείχη αλλά μικρές πύλες.

Οι περισσότεροι είναι άγνωστοι, μερικοί είναι γνωστοί.
Το μέλλον είναι αβέβαιο, το παρόν είναι ξεκάθαρο.
Όλοι είναι μακριά, λίγοι είναι κοντά.
Η πόλη έχει διάφορες προοπτικές.
Πολλά είναι φαντασία, λίγα είναι γεγονότα.
Μακρύς δρόμος, σύντομος δρόμος.
Λίγοι θα δράσουν αλλά πολλοί αντιδρούν.
Κάποιοι δίνουν αλλά πολλοί παίρνουν.
Δεν υπάρχει δεκάρα στην κόψη του ξυραφιού
η τύχη στο πλευρό σου, μια πλούσια ζωή.

Λίγοι είναι σοφοί, οι περισσότεροι είναι έξυπνοι.
Όλοι είναι ώριμοι, λίγοι είναι αθώοι.
Μια κούρσα να τρέξεις, μην ξεγελαστείς…
Όταν ιππεύεις, μην κοιτάς στην άκρη
μεγάλο ταξίδι, αλλά το χάσμα είναι μεγάλο!

Εγώ, εγώ, για μένα είναι η μόνη έννοια…
Πολλή κίνηση, μηδέν συναίσθημα.
Πολλή οδύνη, αλλά λίγοι είναι το φίλτρο.
Ο καναπές είναι βουνό, το χαλί είναι θάλασσα.
Αυτή είναι η πόλη που φτιάχτηκε για μένα.

Μίνι Ποιήματα

1
Η μητέρα που θηλάζει
δεν είναι ξεδιάντροπη,
είναι ντροπιαστική στη στοργή της.

2
Η τέχνη του "Khajuraho" δεν είναι αισχρή,
είναι ένα όμορφο τοπίο
όταν το παρατηρείς.

3
Ο σύγχρονος άνθρωπος δεν είναι γυμνός,
είναι μη γυμνός
αλλά στη μόδα του...

4
Ο άνθρωπος δεν είναι ζώο,
είναι άνθρωπος
αλλά στην υλική του υπόσταση.

Όταν Αγοράζεις Τη Θλίψη Τους

Παγωμένοι άνεμοι γεμάτοι καπνό από καμινάδες
σηματοδοτούν το κάψιμο του χριστουγεννιάτικου μπλοκ.
Όταν τα πολύχρωμα φώτα λάμπουν παντού,
οι άγιοι μοναχοί τραγουδούν το χαρούμενο θέμα.

Ιεροί κρίνοι και διακοσμητικό ελεφαντόδοντο
γεμίζουν τα σπίτια.
Από πόλη σε πόλη η χαρούμενη ηχώ μας περιπλανιέται,
σκαρφαλώστε σαν πουλιά γύρω από τα δέντρα
για να τραγουδήσετε.
Ακούστε τη χορωδία, που φέρνει γλυκά κουδουνίσματα.

Συναντήστε τους αγαπημένους σας
που σας λείπουν καθημερινά.
Αγκαλιάστε τους εχθρούς, μην τους αφήσετε
να ξεγλιστρήσουν εύκολα.
Πλούσιοι και φτωχοί στο ίδιο τραπέζι...
Κάντε τη δουλειά αλλά κάντε την παραμύθι.

Αφήστε τη φροντίδα να πάει σε κάποιο κρυφό μέρος.
Αφήστε την αγάπη να πάρει τον χώρο που της αναλογεί,
Πιείτε και πνίξτε την ανησυχία σας.
Κανείς δεν φαίνεται μόνος ή βιαστικός.

Όταν έχεις το σημάδι του Χριστού στην καρδιά σου
νιώθοντας τη χάρη Του γίνεσαι χρυσός!
Ο Θεός τους αγαπά όλους στην αληθινή τους μορφή.
Αποφύγετε τις κακές συνήθειες με τη γοητεία Του.

Ώρα να ευχηθώ σε όλους ένα επιτυχημένο αύριο!
Είναι Καλά Χριστούγεννα
όταν αγοράζεις τη θλίψη τους...

Σύμβολο της κορύφωσης!

Πέρα από τον άνθρωπο
όλα τα πλάσματα καταπίνουν το ένα το άλλο
λόγω της διανοητικής τους αναισθησίας.
Αλλά σήμερα ο άνθρωπος τρώει τον άνθρωπο.
Είναι η πτώχευση της σοφίας του
ή σύμβολο της κορύφωσης!

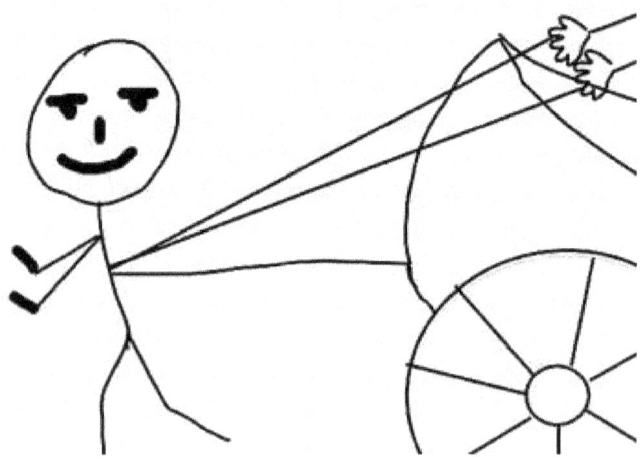

Είμαστε Τρίτος Κόσμος

Αυτοαποκαλούμενα έθνη του πρώτου κόσμου
μας χαρακτήρισαν ως τριτοκοσμικούς στους
λεγόμενους κοινωνικοοικονομικούς δείκτες και
άλλους δείκτες.
 "Ο εκσυγχρονισμός είναι η πραγματική ανάπτυξη",
επειδή δεν κάνουμε δείπνα
αλλά ονειρευόμαστε μια καλά χορτασμένη μέρα.

Τα παιδιά μας σπουδάζουν στο πάτωμα
του παλιού δημόσιου σχολείου.
Γνωρίζουν τον άλλο κόσμο από το πράσινο
και τις φιγούρες που κρέμονται στους χλωμούς τοίχους του,
επιθυμούν να τρέξουν στο βελούδινο γρασίδι
αντί να μαζεύουν κουρέλια κάθε πρωί,
όπως τα παιδιά αφήνουν τα παλιά παιχνίδια.
Μας έχετε εγκαταλείψει...

Εδώ ένας έφηβος ωριμάζει στην εφηβεία του.
και αναγνωρίζει το περίγραμμα ενός σκοτεινού
φουτουριστικού κτιρίου σε ένα μοτίβο από σημερινές
κουκκίδες καθημερινών βαρών,
στις τραγικές επαναλήψεις ενός τραγουδιού της πατρίδας.
Ονειρεύεται μια νεαρή επιχειρηματικότητα
αλλά ένας θάνατος από τερμίτες ξεριζώνει τις ρίζες της
προσπάθειάς του.

Λέτε στους άντρες μας "Κράτα το στο παντελόνι σου!"
και στις γυναίκες, "Κλείσε τα γόνατά σου!"

αλλά εδώ το σεξ είναι η μόνη διασκέδαση.
Για τρία λεπτά ανακούφισης είμαστε έτοιμοι
να μετανοήσουμε και να ζήσουμε μια ζωή
διαφθοράς και ανηθικότητας.
Αν και κάποιες φορολογούμενες ψυχές
κάνουν φιλανθρωπίες,
ο φτωχός φοράει κουρελιασμένα ρούχα,
οι πλούσιοι τα φορούν για να φαίνονται διαφορετικοί...
Υπάρχει μια συμφωνία μεταξύ του ατόμου
που κάθεται στο αυτοκίνητο και των φτωχών
που ζητιανεύουν για λίγη βοήθεια.

Υποτιμημένες ζωές γεμάτες σκιές σκλάβων
καθώς η φτώχεια ζει χωρίς εκκένωση.
Παγιδευμένες στον ιστό των αραχνών της ξένης βοήθειας...
Στηρίζουμε αυτή την κεφαλαιοποιητική προεξοχή
και ταΐζουμε με το ζόρι την αστική τάξη.
Η προπαγάνδα μας έχει γίνει απλά
να βλέπουμε, να αναστενάζουμε και να κλαίμε.

Με δεμένα τα μάτια από τον εμφύλιο πόλεμο,
-μια πηγή πολιτικής ζωής και θανάτου-
αποτυγχάνουμε να καταλάβουμε το είδος του πεδίου μάχης
στο οποίο βρισκόμαστε και τα όπλα μας
για να το αντιμετωπίσουμε,
πάντα φωνάζοντας για την ελευθερία της έκφρασης.
Ποτέ δεν προσπαθήσαμε να καταλάβουμε τη διαφορά
ανάμεσα στο δέρμα μας και τα χείλη μας.

Μια διχασμένη χώρα που αναστενάζει και φωνάζει
για την ελάφρυνση του χρέους,

με πλύση εγκεφάλου από την αντι-προπαγάνδα,
καθώς οι ηγέτες γίνονται εκατομμυριούχοι κάθε δευτερόλεπτο
και ο λαός φτωχότερος κάθε λεπτό.
Η γη γεμάτη γάλα και μέλι,
εξακολουθεί να φωνάζει "δεν υπάρχουν λεφτά"!!

Αυτοαποκαλούμενα μέσα ενημέρωσης με ψεύτικη ηθική,
με στόχο τις δημόσιες σχέσεις και τη συνέντευξη
για αντιπαράθεση.
Μια ασήμαντη σκέψη επανειλημμένα
για να την κάνουν φιλοσοφία.
Η φωνή τους διαδίδει καθαρό δηλητήριο με ευγενικό ντύσιμο,
στο όνομα της λεγόμενης μειονότητας.
Κάθε είδηση χαρακτηρίζεται με θρησκευτική σφραγίδα.
Αναδεικνύουν τους ανήθικους ως πρόσωπο του έθνους,
υποβαθμίζουν τις καλές προθέσεις.

Το σεξ και η βία είναι μια νέα μορφή ψυχαγωγίας.
Εδώ οι μεγάλοι δικηγόροι και οι εταιρείες επηρεάζουν ανοιχτά
στις πρωτεύουσες με τη δημοσκοπική τρέλα
για να αποκομίσουν τεράστια κέρδη.
Δεν είναι αυτή η αδικία με τη φτώχεια και την τυρράνια
μια σαφής ένδειξη λανθασμένων σκέψεων
που υποστηρίζουν έναν τρίτο κόσμο σε αυτή τη συγκυρία;

****

Αυτός ο Αέρας της Εποχής

Νέα -δημιουργία;
Οποιαδήποτε ανιδιοτελής προσφορά; Κάποια αφιέρωση;
Όχι! Καθόλου.

Τώρα οι κοινωνικές αποτιμήσεις ποικίλλουν.
Στέκονται ακόμα στον πυρήνα του πλούτου,
δηλαδή μόνο στην παραγωγή χρημάτων.
Όλα γύρω από την επιθυμία των δανείων…

Ω! αυτός είναι ο αέρας της εποχής...
Ο "κυνηγός της δεκάρας" δεν έχει κανένα φόβο!

Σαπουνόπερα

Η ζωή μας είναι μια όπερα που χρηματοδοτείται από τον Θεό.
Πυροβολούμε καθημερινά για κοσμική διαφήμιση.
Ένα καθημερινό μελόδραμα στο οποίο κάθε
επεισόδιο έχει μια εναλλασσόμενη ιστορία.
Ένα επεισόδιο μπορεί να τελειώσει, αλλά
η ιστορία δεν τελειώνει ποτέ.
Υπάρχουν ευκαιρίες... χαμένες ευκαιρίες,
ξαφνική μεταστροφή, σωτηρίες της τελευταίας στιγμής.
Κάνουμε πρόβα τον ρόλο που μας αναλογεί, αλλά κάποιος...
είναι πάντα εκεί για να μας αντικαταστήσει.

Κάθε σκυταλοδρομία έχει μια νέα ιστορία.
Κάποιες έχουν εύκολη, κάποιες πολύπλοκη πλοκή.
Οι ρόλοι μας δεν είναι οι επιλογές μας.
Μπορεί να είσαι τραγικός ή κωμικός αλλά
η αλήθεια είναι ότι το έργο θα διασκεδάσει τους ανθρώπους...
Μερικές φορές παίζουμε τον ίδιο ρόλο
για να χαρακτηριστούμε ως καραγκιόζης ή κακοποιός.

Όπως εγώ έχω στερεοτυπικά τον τραγικό ρόλο!
Κανείς δεν είναι πρόθυμος να μου προσφέρει
κάποιον άλλο ρόλο.
Τώρα δεν έχει σημασία αν είμαι ευχαριστημένος ή όχι,
πρέπει να πάρω τη θέση του σκηνοθέτη
και να τελειώσω τον ρόλο μου.

Να Είσαι Μοντέρνος

Ψευδαίσθηση της νέας εποχής…
Να είσαι μοντέρνος!
Τι παίρνουμε;
Ένα τρέξιμο σε έναν κύκλο.

Τι μένει;
Μια βασανισμένη ψυχή,
και ένα κούφιο σώμα.

Δεν υπάρχει γέφυρα για να περάσουμε
μπροστά ή πίσω.

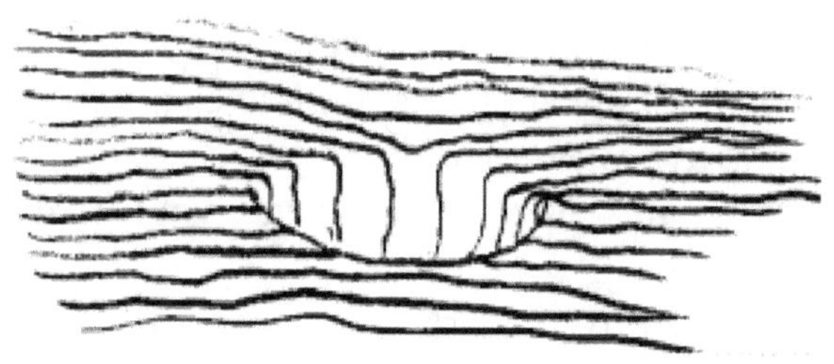

Η Πραγματικότητα

Γιατί μας σοκάρει ο χώρος που μας ανήκει
και μεταφέρουμε μαζί του μια συγκεκριμένη απογοήτευση;
Πόσο λίγο χρειάζεται να φέρουμε;
Η κύρια χαρά που υπάρχει
είναι ο ενθουσιασμός που κουβαλάμε μαζί μας...
Αναρωτιέμαι γιατί δεν υπάρχει ούτε ένας σύντροφος μαζί μας.

Τα Φραντζιπάνι έξω χρειάζονται τη σταθερή σου επευφημία,
Τα φουσκωμένα σώματα, που κάποτε αποτελούσαν
πρωταρχική γοητεία,
...μοιάζει να ταιριάζουν σε κάποιον άλλον εκτός από μένα.
Παρόλα αυτά είναι δικά μου τώρα και νομίζω ότι θα γίνουν
γνωστά από την τέχνη που θα κρεμάσουμε.

Ίσως αυτός να είναι ο λόγος όπου κι αν βρισκόμαστε...
Η ματαιοδοξία μας ακολουθεί σαν κατοικίδιο ζώο,
όταν πιστεύουμε σε ανέκδοτα όπως ότι
οι κοσμικοί σύντροφοι δεν μπορούν ποτέ να γίνουν δικοί μας.

Αισθάνομαι ότι με ένα τέτοιο σπίτι,
θα έπρεπε να οργανώσω μια μεγάλη συγκέντρωση
που θα ικανοποιούσε με τα τρωτά σημεία
της νύχτας και απλά να προσπαθήσω να εγκατασταθώ...
όπως ο καθένας στο δικό του χώρο,
είναι ένας ενοχλητικός επισκέπτης.

Τα Βιβλία

Τα βιβλία βρίσκονται σε ανήσυχη χειμωνιάτικη διάθεση.
Οι φωνές τους φαίνονται επείγουσες!
Αυτό που ψιθυρίζουν τα βιβλία,
προτιμούμε να μην το αναφέρουμε
στους κοινωνικούς κύκλους.
Ωστόσο, ξέρουν περισσότερα και έχουν βρεθεί εκεί που
δεν μπορούμε να πάμε με τα ρούχα που φοράμε.

Αυτά είναι ανήσυχα, εμείς είμαστε ακίνητοι.
Οι φωνές τους είναι ξένες στα αυτιά μας.
Μας περιφρονούν, θα μας αποτινάξουν.
Πάρα πολλές φωνές, πάρα πολλές χαμένες συζητήσεις.

Όταν ανοίγω μια σελίδα, πέφτω στο παγωμένο της
βάθος για να βυθιστώ σαν πέτρα.
Μιλάω με κλισέ...
Αιωρούνται στο χρόνο σαν κακοί οιωνοί και
χτυπάνε τα φτερά τους καθώς οι φρενήρεις σελίδες τους
θολώνουν τον ουρανό.

Αυτά είναι το σκοτάδι στα κόκκαλά μας
που συνεχίζει να λάμπει σαν νεκρές φλόγες.
Τι αγώνα υπομένουν μέρα και νύχτα!
Κάποια βιβλία κλειστά μένουν στη θέα τους.
Τα βιβλία κάποιου παρελθόντος έχουν καεί
ή μπορεί να ζήσουν για πολύ καιρό χωρίς να γυρίσουν σελίδα.
Για να πεθάνουν αδιάβαστα από ώριμα γηρατειά
ή από την επόμενη γενιά.

Κιτρινισμένοι βιβλιοσκώληκες που καταβροχθίζουν με οργή!
Υπάρχει κάτι κοινό - τα βιβλία ή οι άνθρωποι,
αλλά λίγοι και σημαντικοί μπορούν.
Κάθε βιβλίο έχει το λαμπρό του δόγμα:
δεν διαβάζουμε και δεν πιστεύουμε!

Βότσαλα

Ο χρόνος εξομαλύνει τη σκληρότητα του ουράνιου τόξου
του βασάλτη των δέντρων, του βερμίλιον τζάσπερ, του
ασημένιου γρανίτη και του χλωμού αστρίτη
με τη βοήθεια του βαρετού
αλλά υπομονετικού χρυσοχόου των παλιρροιών.

Γεννημένα από ηφαίστεια, βγαλμένα από σεισμούς,
ραγισμένα από τη θερμότητα, σκαλισμένα από τον άνεμο,
μορφές θανάτου συμπαγείς ανάμεσα στους βράχους
παρασύρονται ελαφριά σαν σπασμένο κόκκαλο.

Όταν η παλίρροια αποκαλύπτει
ανοιγοκλείνει τα μάτια ανάμεσα στα θρυμματισμένα κοχύλια
αναστατωμένα από γλάρους, λευκασμένα
από το αλάτι και τον ήλιο,
τα σπασμένα σκεύη των ζωντανών οργανισμών.

Ένας αετός παρατηρεί από τα υψίπεδα,
αδιαφορώντας για τα βάρη που κουβαλάω εδώ.
Η θάλασσα δεν με αγκαλιάζει,
έτσι κάθομαι, κενός σαν παρασυρόμενο ξύλο
ανακατεμένος μέσα στα βότσαλα.

Ω Αστέρια!

Όταν κοιτάζω την οθόνη
του άγριου μαύρου ουρανού,
Ω αστέρια! νιώθω μια φλεγόμενη λαχτάρα
στα ζωτικά μου άκρα.

Μάτια των αγγέλων,
που επενδύονται με χίλιες λεπτομέρειες,
δείξτε την ανέφελη λάμψη σας
στον αδαή κόσμο.

Μαγνητικό αστέρι δίπλα στο φεγγάρι
καθοδήγησε τον ναυτικό στην έξοδο,
η καρδιά μου ανταποκρίνεται στη δική σου
που τρεμοπαίζει με ζωή
και ανάβει την πικρή μου ψυχή
με μια αθάνατη σπίθα.

Πρώτος Μουσώνας

Σύννεφα μετανάστες σαν έγκυες γυναίκες
σε αυτή την υψηλή ώρα
που ετοιμάζονται να γεννήσουν εναέριες βροχές.
Τεράστια υδαρή αγγεία, σαν ένα ανεπτυγμένο μωρό
πολύ βαρύ για να κρατηθεί στην ατμοσφαιρική μήτρα.

Με τον κεραυνό να διακηρύσσει πάνω από
την απεραντοσύνη της παροχής υγρών ζωής,
τα ανήσυχα μάτια των κουρασμένων αγροτών περιμένουν
τους οικείους σκοτεινούς συγγενείς τους.

Δειλές μέλισσες, ταπεινά σπουργίτια στα κατώφλια...
Ελάτε! Καλωσορίστε την πομπή της ετήσιας χαράς
και αποκτήστε αυτόν τον θησαυρό από υγρό υλικό.
Ασημένια άκρη-άκρη βαθαίνει κάθε διαθέσιμη βοήθεια.
Καθαρή ζωή αποστάζει από το ψηλό κλαδί.
Ένα άσπρο πολυετές ρυάκι είναι σε επιδρομή.

Γυαλισμένη βλάστηση νεφρίτη,
το ξεπλυμένο πεζοδρόμιο είναι υγρό.
Όλα είναι ήμερα τώρα, το άγριο γίνεται σεμνό.
Η γλυκιά μυρωδιά της άμμου είναι δελεαστική για να γευτείς.
Θέλω να γίνω υγρό πάρτι, κάποιο ενθύμιο να κρατήσω...

Υδάτινα μαργαριτάρια κοκκινίζουν το πρόσωπό τους
στις αργές ακτίνες του ήλιου.
Φτερωτά πλάσματα στη σειρά,
το ημισέληνο του ουράνιου τόξου λικνίζεται.

Η καρδιά μου εισπνέει αρωματική λατρεία.
Η γη πολύχρωμα στολισμένη σαν Ινδή νύφη
στον πρώτο της μουσώνα, επιδεικνύοντας υπερηφάνεια.

Θεϊκό Σούρουπο

Ο χλωμός ηλικιωμένος ήλιος κοιτάζει πίσω,
μέσα από τις τρύπες του ζεστού ορεινού χάσματος
προς την κληρονομιά του που του ανήκε
και τον απόλαυσε στην ευγενική του εποχή.

Αυτοί οι κοσμικοί παρκαδόροι
ετοιμάζονται για μια νέα μέρα.
Τα πουλιά, επιστρέφουν, σε μια σειρά
σαν τόξο που σημαδεύει τον ουρανό του λυκόφωτος.

Τα κοπάδια που σιγά-σιγά χαμηλώνουν
τα κουρασμένα μονοπάτια
καθώς οι βοσκοί βαδίζουν τον βαρετό δρόμο τους.
Τα σύννεφα σκόνης καλύπτουν τον αέρα
σ' αυτή τη σφίγγα μελανής εποχής.

Κρατώντας μια λάμψη από λάμπες της παραμονής
τα δέντρα στήνουν φανταστικές φιγούρες.
Κοιτάξτε! Ο πρώιμος "Έσπερος"
με τον δίδυμό του, μια μισή ημισέληνο,
Μια λεπτή εικόνα με έναστρο φόντο.

Όταν ο ήλιος αγγίζει τη δυτική του κατοικία,
σοφή αλληλεπίδραση πάνω σε μια πέτρινη ινδοσύκη.
Αχνές καμπάνες εκκλησίας σε πνευματική εκπομπή
εκπέμπουν τη θητεία της θνητής βιομηχανίας.
Αυτή είναι η ώρα του θεϊκού σούρουπου.
Σας υπενθυμίζει το αναπόφευκτο...
Μια αδύναμη ανθρωπότητα!

Χειμώνας

Σε χιονισμένη αχρωμάτιστη κουρτίνα
ο χειμωνιάτικος αποτραβηγμένος
κόσμος περιμένει το ζεστό φιλί της ημέρας.
Μέσα από τη μακρά μοναχική κοιλάδα
το υψόμετρο φυσάει την παγετώδη θύελλα
για να επευφημήσει τη βαθιά και πανηγυρική μοναξιά.

Πάνω από τον γυμνό ορεινό όγκο, μια ευσεβής ηλιαχτίδα
παίζει όταν η άκαρδη δύση απλώνει το φύσημά της
αλλά ο θυελλώδης βορράς τραγουδάει χιονόνερο.
Όλο το χωράφι ήταν δεμένο κάτω από το νερό
ένα τραγανό περίβλημα από χιόνι.
Όλα μαραίνονται σιωπηλά για να εκθέσουν τη γη
και να δείξει την ευαίσθητη ζωή του σκελετού της.

Περπατάω για να τσακίσω κομμάτια κάτω από τα πόδια μου
για να δω ένα χορευτικό σκοτάδι σε ζωηρό μπλε.
Σε μια έκσταση η γη πίνει
το ασημένιο χλιαρό φως του ήλιου.
Το θηρίο ή το πουλί στην κρυφή τους ανάπαυση.
Αυτά τα άφυλλα δέντρα μοιάζουν με τη μοίρα μου,
όπως ένας μοναχικός κοκκινολαίμης με το φλεγόμενο
στήθος του κάθεται στη λεπτή γλυκύτητα του ήλιου.

Πώς το ρουμπινένιο λάβαρο της παπαρούνας απλώνεται
εκεί που οι κρίνοι κοιμήθηκαν…αλλά
οι καρδιές των τριαντάφυλλων χτυπούν ακόμα.
Όταν ο φρέσκος χυμός της γης

δίνει φινίρισμα στα λινά λουλούδια,
οι νιφάδες του χιονιού μαζεύονται στην αυλή
για να χτυπήσουν το αδύναμο τζάμι του παραθύρου.

Όταν μπαίνω στο ζεστό δωμάτιο,
αναρωτιέμαι πόσο μου μοιάζει.
Η πέτρα του κατωφλιού ήταν φθαρμένη από τη θλίψη;
Παραμορφωμένες και τρεμάμενες σκιές πάνω
στην αμυδρά φωτισμένη οροφή.
Οι άχρωμες συστάδες των άχρωμων αστεριών
στολίζουν τη νυχτερινή νύφη.
Το επιεικές υγρό φεγγάρι γλιστράει
μέσα από το γυμνό μαύρο κλαδί.

Μια γωνιά του θαλάμου σαρώνει το νυχτερινό κομοδίνο.
Το σταυροειδές περίγραμμα της φτερωτής λαχτάρας
πήρε μια φευγαλέα γρήγορη πτήση.
Ορκίζομαι να κρατήσω κάθε γλυκιά υπόσχεση
κάτω από μια ζεστή γούνινη κουβέρτα προοπτικής σπόρων.
Ο Θεός λυπάται όλες αυτές τις άστεγες ψυχές.

Το Εξοχικό μου

Το εξοχικό μου, μια ειδυλλιακή λάμψη
στον πρωινό ήλιο κάτω από τον ημίρρευστο κυανό ουρανό.
Με σφύριγμα από μακρύ φιδίσιο πεζοδρόμιο,
μεταξένιο σκούρο πράσινο γκαζόν με υποδέχεται όταν
όταν έρχομαι από την καθημερινότητα.

Αισθάνομαι την ώθηση των ιπτάμενων ποδιών,
ανυπόμονα να φτάσουν στο σεραφικό μου περιβάλλον.
Κάθε φορά που απογοητεύομαι, είναι εκεί.
Οι τοίχοι του είναι προσιτοί και εμπνέουν,
Η στέγη, μια ασπίδα ενάντια στις δύσκολες δυνάμεις.
Όλα τα δωμάτια είναι τα μέτρα του ελεύθερου χρόνου,
οξυγονωμένα παράθυρα που εκπέμπουν εξωτερική θέα.

Χαλαρώνει στις απογευματινές σκιές όταν
ένα μικρό πουλί κάθεται στο περβάζι.
Το απόγευμα, βυθίζομαι σε ονειρικό ύπνο
αγνοώντας το βασίλειο της ανθρώπινης εμπειρίας
ξαπλώνοντας σε ένα βαθύ μαξιλάρι.

Πρωινή Έκσταση

Απρόθυμη νύχτα, που σιγά σιγά υποχωρεί.
Γκρίζα γη, κάποιες αμυδρές σκιές ακόμα αιωρούνται.
Η αυγή βγαίνει νωχελικά για να ξυπνήσει κάθε αγρόκτημα.
Νυσταγμένος ήλιος, υγρό φως, που κάνει την άμμο ζεστή.

Πρωινή νύμφη που αναδύεται από τον μαργαριταρένιο ωκεανό
φορώντας μαγικό μανδύα ομίχλης
σαν να στροβιλίζεται ο άνεμος.
Το λαμπερό της βραχιόλι δανεισμένο
από τις ακτίνες του ήλιου.
Γρήγορα μέχρι την κορυφή του λόφου η δόξα της ανεβαίνει!

Το άρωμά της ξυπνά τον ύπνο των θνητών.
Τα πουλιά που λαλούν σπάνε τη σιωπή...
Ανυπομονώ να σηκωθώ νωρίτερα από τη μέλισσα,
ίσως για να νιώσω τη θεϊκή δύναμη, αν είναι έτσι.

Κάθε σπίτι ανάβει τις απαραίτητες φωτιές.
Αισθάνομαι το πρωινό λιβάνι, ακούω μακριά
τους ήχους από τις λύρες.
Η ψυχή αισθάνεται φρέσκια και αναζωογονημένη.
Θεραπευτικό φως εκπνέει, μια θεϊκή ενσάρκωση.

Τα τσαμπιά των τριαντάφυλλων και τα κρίνα ξυπνούν.
Ο άνεμος κρύβεται στα δέντρα, τα κάνει να ταρακουνιούνται.
Η ντροπαλή υπηρέτρια προχωρά με την κανάτα
να γεμίσει νερό από το ποτάμι.
Οι αγρότες και οι βοσκοί στο δρόμο τους όπως πάντα.

Όλα τα πλάσματα πρέπει να διανύσουν δύσκολες διαδρομές επειδή το απάτητο μονοπάτι, έχει ανταμοιβή λαμπρή!

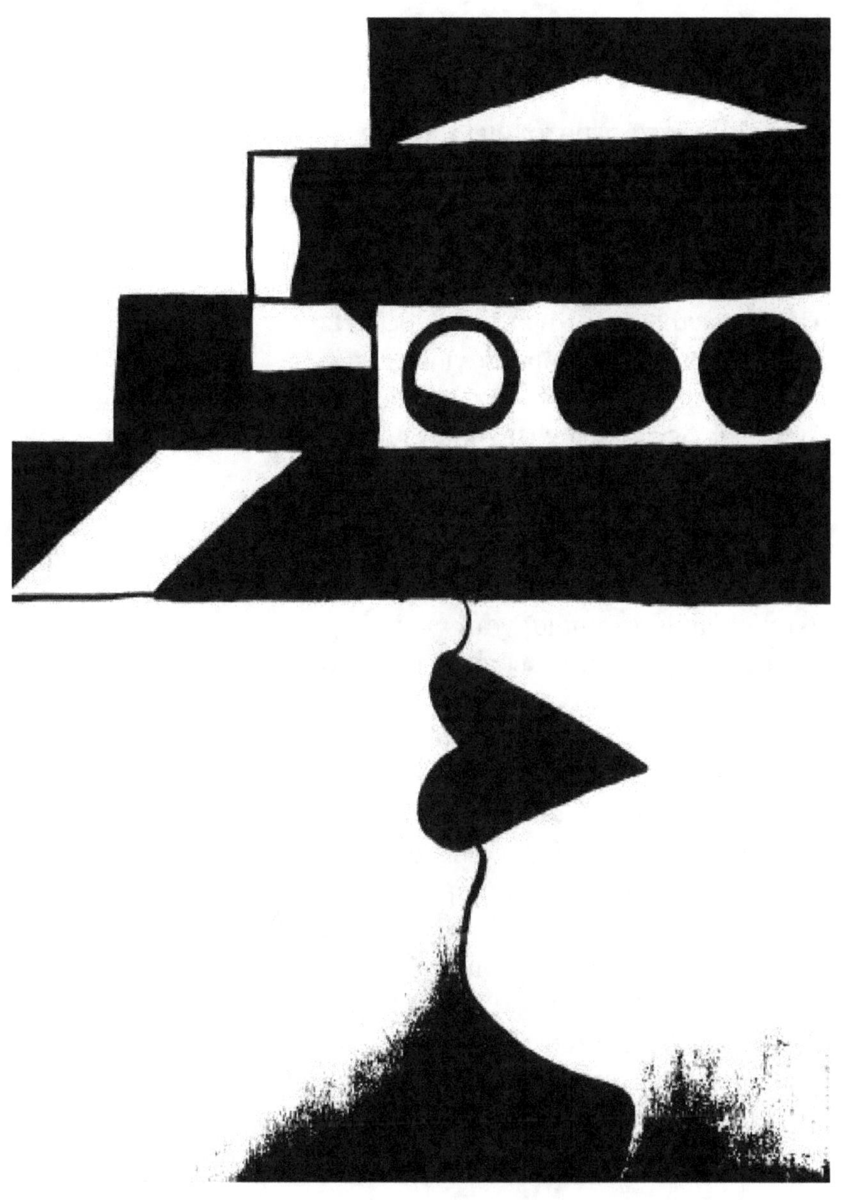

Ελπίδα

Όταν μια νύχτα ρευστοποιεί μια μέρα
καθώς ένα αμαρτωλό σύννεφο καλύπτει τον ήλιο,
όλοι οι γαργαλιστικοί δεσμοί ξεθωριάζουν
για να κάνουν κάθε συνάθροιση ένα ερείπιο.
Η απελπισία κάθεται σαν ζοφερή κουκουβάγια
όταν το πεπρωμένο γίνεται εχθρός μας.
Βαριά κλειδωμένο σώμα παγιδεύει
την ψυχή με σκυμμένο κεφάλι και χαμηλωμένα μάτια.
Αν κανείς δεν πιει την ψυχική σου σταγόνα,
πες "γιούχου" στην ελπίδα...

Όλοι οι θησαυροί μπορούν να αφαιρεθούν
αλλά δεν μπορούν να στερήσουν την ελπίδα σου.
Εκατό σύμπαντα κυριαρχούν
αλλά μόνο η καρδιά σου κάνει το πεδίο της.

Η ελπίδα σκαρφαλώνει σαν χαρταετός
τραγουδάει μόνο όταν κλαις.
Αν υπάρχει έλλειψη φωτός
το χρυσωρυχείο του είναι σκαμμένο στην αυλή σου.
Μετά από μια θλιβερή μαύρη νύχτα
η μέρα ξημερώνει θαυμάσια καθαρή και φωτεινή!
Μην πετάς πολύ ψηλά, ο ουρανός είναι ψηλός
και τα θυελλώδη σύννεφα είναι κοντά.
Σε πιέζουν για μια μεγάλη πτώση.
Να θυμάστε, όταν η ελπίδα πέφτει κανείς δεν ακούει
το γερό ερείπιο που είναι μέσα για να καθαρίσει.

Αν ξεμείνετε από ελπίδα, μπορείτε να δανειστείτε…
Είναι ένας δειλός φίλος, σκληρός στο φόβο του,
που υπονοεί τη θλίψη σου, παραδίδοντας ένα νέο αύριο.
Κάθε κλαδί περιμένει να φέρει την ανθοφορία.
Η ελπίδα σου δίνει μια ευκαιρία για μια δεύτερη άνοιξη!

The After Effect

Γιατί είναι απαραίτητο;
Μια σειρά από φώτα όταν υποτίθεται
ότι πρέπει να κοιμηθούμε.
Πολύχρωμες φαντασιώσεις νέον όταν ονειρευόμαστε.
Τα τοξικά προσπαθούν να επιβραδύνουν την αναπνοή μας
όταν θα έπρεπε να ασθμαίνουμε από την κούραση.

Γιατί υπάρχουν δύο προσωπικότητες;
Όταν έχουμε τις σκιές μας…
Ναι, το λένε πρόοδο ή μπορεί να το λένε...
...είναι ένα άλλο όνομα για την αυτοκαταστροφή.

Σκόπιμα αναστέλλουμε τους εαυτούς μας μεταξύ
θάλασσας και ουρανού.
Όταν έχουμε τη γη κάτω από τα πόδια μας,
καλλιεργούμε τους καρπούς της αντίθεσης
στα ψεύτικα δέντρα της θέσης
ενώ υπάρχει πλούσια γη της σύνθεσης.

Καθώς στεκόμαστε ανάμεσα στο πλήθος για να νιώσουμε
την ευκολία του κενού χώρου,
ίσως μπορούμε να ακούσουμε τους ψιθύρους
των αστεριών και των πλανητών με
μόνο ένα νεκρό αυτί για την ανθρώπινη φωνή.
Όλοι ταξιδεύουν σ' αυτή την ευσεβή ζωή...
με το πακέτο των ψεμάτων, κάθε πρόσωπο είναι γεμάτο με
τις δικές του μακρινές ρυτίδες θανάτου.

Μετράμε δισεκατομμύρια για να αφιερώσουμε

την ώρα σε ένα μόνο ψηφίο
καθώς η συνείδησή μας προσπαθεί να είναι αληθινή.
Είναι λογικό το κενό ενώ...
λαχταράμε να πιούμε την καθαρή οφθαλμαπάτη;

Κάθε καρδιά είναι βουτηγμένη στο σκούρο μελάνι της Ινδίας
ο ουρανός θηλάζει σε μαύρο γάλα.
Η γη τρέμει με την κίνησή της,
όπως και η τύχη, η ομορφιά και η νεότητα με
το βάρος του φόβου και της ελπίδας της εργασίας
και του παιχνιδιού.

Ένας ποιητής είναι επίσης μέρος αυτού του διλήμματος.
Αν ένα ποίημα γίνει αίνιγμα,
αν ένα ποίημα δεν προσφέρει λύση,
μην το διαβάσεις ή το κοιτάξεις αλλιώς.
Θα σε επηρεάσει σαν ένα μεταγενέστερο αποτέλεσμα
ενός λανθασμένα συνταγογραφούμενου φαρμάκου.

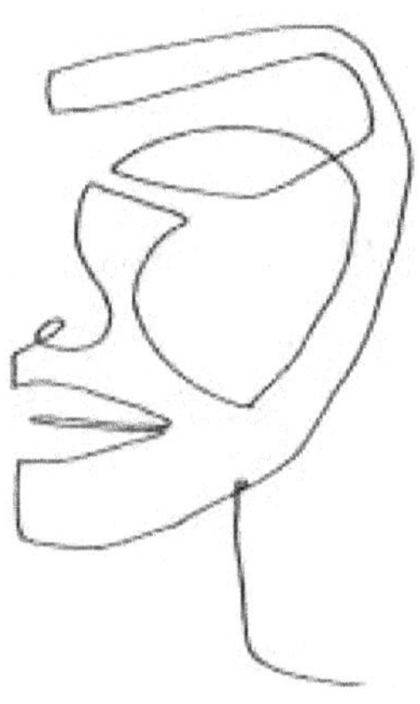

Αποδιακλάδωση ή Όχι;

Λένε ότι το να φεύγεις μακριά δεν είναι παρά
ένα αρχικό στάδιο της δημιουργίας, είτε πρόκειται
για μια μεγάλη έκρηξη...
ή όπως ένα φρούτο του κήπου,
όταν είναι ώριμο ή έτοιμο, πέφτει από το κλαδί του.

Αλλά εγώ προτιμώ μια απλή ένωση,
όχι μια αποκομμένη.
Γιατί οι χιονοστιβάδες περιμένουν
αυτούς που απομακρύνονται.
Τότε η μισή ζωή σβήνει
η άλλη μισή για καθαρίζει.

Ενώ το να φεύγεις είναι μέρος της διαδικασίας,
Γιατί υπάρχει αυτή η διαίρεση ή η μείωση;
Ένα μέρος αποσπασμένο, ένα μέρος ενωμένο.
Πώς η διασπορά μετατρέπεται σε γλυκιά έλξη!

Είναι μια ασύρματη σύνδεση
με σχέση σε διάφορα επίπεδα.
Θα αγαπήσουμε περισσότερο ή θα ξεχάσουμε εντελώς
η απόσταση καθορίζει τους συσχετισμούς.
Θα συναντηθούμε αλλά η ατυχία αρκεί.
Ένα καταφύγιο για το χρόνο,
δεν είναι θέμα κέρδους ή απώλειας
καθώς η χαρά ανάβει τη θλίψη του χωρισμού.

Εσωτερική Φωνή

Καθώς το κακό είναι γεννήτορας της ηθικής,
καθώς η νύχτα ακολουθεί τη γραμμή της ημέρας,
τα σύννεφα μπορεί να είναι σκοτεινά και βαριά
αλλά μόνο αυτά μπορούν να φέρουν τη βροχή.

Όταν η πίστη είναι φωτεινή, οι αμφιβολίες
χάνουν τη λάμψη τους.
Όταν η σοφία μεγαλώνει, τα δάκρυα συρρικνώνονται.
Υπάρχει ζωή πέρα από το θάνατο;
Υπάρχει ένα μονοπάτι στον ουρανό;

Είμαστε πρόθυμοι αμαρτωλοί,
αλλά υποκείμενοι σε συγχώρεση.
Όταν ένα μονοπάτι κλείνει για σένα,
ο άλλος είναι πάντα εκεί εκ των προτέρων.
Όταν ακούς μια φωνή μέσα σου,
την καθαρότητα της ψυχής, την πίστη στον εαυτό σου.

Απολαύστε την Ενέργεια του Ήλιου

Στα σκοτεινά βασίλεια του παρελθόντος
το παρόν ρίχνει φως;
Όταν οι οδυνηρές πραγματικότητες μας τσιμπάνε
μας ανακουφίζει το παρελθόν;
Σκεπτόμενοι το αύριο μας στερεί το έμφυτο,
τις αόρατες μικρές χαρές της αγχωτικής παρούσας ζωής.

Αναπτύξτε τη διορατικότητα,
απολαύστε όλα τα στοιχεία όσο είναι παρόντα,
Νιώστε την ενέργεια του ήλιου όσο είναι εκεί
γιατί η νύχτα δεν είναι πολύ μακριά.
Σε αναζήτηση νέων λουλουδιών,
μην απομακρύνεστε από τις ρίζες σας,
μην θρηνείτε για ένα παρελθόν και μην προσπαθείτε
για το μέλλον γιατί σήμερα είναι η μέρα.

Ομορφιά: Ευδαιμονία

Η ομορφιά είναι ευδαιμονία, ευφορία
όταν η ζωή αποκαλύπτει το ιερό της πρόσωπο.
Κάποιοι απαλοί ψίθυροι μιλούν στο πνεύμα μας.
Η αιωνιότητα κοιτάζει τον εαυτό της στον καθρέφτη,
λάμπει με αγνούς τόνους ποικίλων αποχρώσεων.
Θα ανατείλει με την αυγή από την ανατολή,
μια κλειδαριά αγγέλων που πετούν για πάντα.

Πανηγυρική ομορφιά κατεβαίνει από το κέντρο
και από την περιπλανώμενη σφαίρα,
λάμπει το βάλσαμο νέκταρ.
Η γοητεία της προσελκύει τον κόρφο.
Ελάτε! Δείτε τον αεράτο θόλο των αλσών,
Όπως η πηγή του ξεδιψάει τη δίψα του μαγικού δεσμού.

Ξεχάστε Με Τώρα

Όταν αναπνέω για τελευταία φορά,
μην κλάψεις στον τάφο μου και
μην γράψεις σε μια πέτρα γιατί δεν θα είμαι εκεί.

Ο θάνατος είναι σκλάβος της τύχης,
τίποτα δεν μπορεί να κάνει.
Θα αλλάξω τη μορφή μου,
οι στάχτες μου θα γίνουν ένα με
με τον φλοιό της γης.
Θα περιστρέφομαι με την
ημερήσια τροχιά της και θα είμαι ζωντανός
και πάλι για πάντα, αιώνιος θα γίνω.

Για μένα, η ζωή θα σήμαινε τα πάντα
περισσότερο από ό,τι αν σήμαινε ποτέ οτιδήποτε.
Μπορείς να με ξεχάσεις τώρα…

Κατεβαίνοντας στη Γη

Θάνατος χωρίς συνοδεία ποδιών ή μορφής.
Δύσκολο να εντοπίσεις το αποτύπωμα του γυμνού οστού
να διακρίνεις την εικόνα του στον καθρέφτη της ζωτικότητας.
Το πνεύμα του αναπνέει στο σώμα της ζωής.

Ο θάνατος είναι το εσωτερικό της λασπωμένης σάρκας,
δοκιμαστικό άλογο στην πυρά της κηδείας.
Νιώσε το ύφασμα του σώματος να καίγεται...
Δεν κατεβαίνεις στη Γη,
αλλά ανεβαίνεις προς τον αιώνιο ουρανό,
και εισέρχεσαι σε μια παρθένα γέννηση.

Καθώς ο Ήλιος δύει, η Σελήνη ανατέλλει!

Αυτό το Ωραίο Έτος Ηλικιωμένων

Εκείνο το υπερβολικά βιαστικό ηλικιωμένο έτος
που βρίσκεται στο νεκροκρέβατο του,
ένας φίλος της προηγούμενης διαδρομής μας
ένας πρόθυμος καλεσμένος στη λαχτάρα όλων.

Οι μέρες του ήταν κάποτε λαμπερές,
το βράδυ, ένα ρόδινο ξανθό.
Όταν η ελπίδα του ήταν μεγάλη
έπλεκε φανταστικές οπτικές νύχτες.
Πώς σπαταλούσε το γενναιόδωρο χέρι του
όλους τους θησαυρούς που είχε στην κατοχή του;

Βρίσκω τα μικροσκοπικά ίχνη του στον Απόλλωνα
ή στο εξαφανιζόμενο σεληνιακό φως,
καθώς έχω όλα τα εύσημα, πιο λίγα να κατηγορήσω.
Ευχαριστώ τον Θεό για κάθε στιγμή που πέρασε...
Σε αγαπώ για το έγκαιρο τσίμπημα σου,
είναι δική μου επιλογή αν ήμουν αποτυχημένος.

Τώρα μπορώ να αποφύγω την απληστία μου και τη διαμάχη,
καθώς εσύ μου δίδαξες έναν ξεκούραστο ύπνο
για να ξυπνήσω το πρωί του νέου έτους
με υγιή κρίση, χωρίς σπάταλη επιθυμία.

Μοναδικότητα της Πολλαπλότητας

Καθώς τα μάτια ανοιγοκλείνουν
για να αντικρίσουν τον ήλιο,
η ζωή τρέμει από την έλλειψη αέρα.
Η γέννηση δεν συναντά ποτέ το θάνατο
καθώς η ψυχή είναι ελεύθερη αλλά μυϊκά δεμένη.
Η μία δύναμη καθοδηγεί την άλλη,
δύο δυνάμεις δουλεύουν μαζί
αλλά δεν χρειάζεται να υπάρχουν σε ένα μέρος.

Ο μονισμός ακυρώνει τη ζωή μας
καθώς τίποτα από όσα κάνουμε δεν επιβιώνει τελικά.
Δεν υπάρχει πρόοδος ή ελαττώματα,
τίποτα δεν αρχίζει ή τελειώνει,
ο κόσμος δεν είναι έτσι, ο κόσμος είναι γεμάτος τυφλά φιόρδ.
Ποτέ δεν τελειώνει, ποτέ δεν είναι το ίδιο δύο φορές,
χαμένος όπως τον κρατάμε, πάντα θα ξανακερδίζεται.

Η τελειότητα είναι ένας πεσμένος καρπός
μεταξύ αυτού του νοήματος και της ύλης.
Η επιθυμία μας να αποκτήσουμε αυτή
την υπέρτατη κατάσταση,
επιχρίσματα σε κάθε άνοιγμα με το μουδιασμένο
ιδανικό του λευκού.
Το σύμπαν αρνείται να επιτρέψει τη διαίρεση ή τη διασπορά.

Αν ο άνθρωπος είναι εικόνα του Θεού, ο Θεός διαλύεται.
Ο άνθρωπος είναι άνθρωπος επειδή κάποτε ήταν θηρίο,
ο άνθρωπος είναι τρελός από δυσαρέσκεια, διαλύεται

από καλές ελπίδες ή κακά όνειρα ενάντια στον κόσμο,
αλλά έχει συνείδηση της χαράς των πραγμάτων και
τη δύναμη του να πηγαίνει όλο και πιο πέρα
πάνω από τα όρια του χρόνου...

ευχαριστώ